シリーズ情熱の日本経営史⑧

佐々木 聡 監修

ライフスタイルを形成した鉄道事業

老川慶喜
渡邉恵一
著

小林一三
阪急電鉄

五島慶太
東急電鉄

堤康次郎
西武鉄道

根津嘉一郎
東武鉄道

芙蓉書房出版

はじめに

もうすでに半世紀以上も前のことになりますが、一九六〇年代の日本は高度経済成長の真っただ中にあり、大量生産・大量消費を特徴とするいわゆる高度大衆社会が出現しました。三種の神器（白黒テレビ、洗濯機、冷蔵庫）、3C（カー、クーラー、カラーテレビ）などと呼ばれた家電製品や自家用自動車などの耐久消費財が普及し、スポーツ、旅行、観光などの大衆レジャー産業が急成長しました。

実は、こうした大衆消費社会の原型は、日露戦争後から第一次世界大戦期にかけて生まれていました。都市化がいちじるしく進展するなかで会社員（サラリーマン）を中心に、官吏、弁護士、医者、銀行員、商社員などの「新中産層」が形成され、大衆文化やレジャーなどが開花し「都市型第三次産業」が成長しました。本書で取り上げる小林一三、堤康次郎、五島慶太、根津嘉一郎は都市近郊私鉄の経営者として知られていますが、同時に住宅・土地開発、流通、レジャー、観光などの都市型第三次産業の担い手で、新中産層の生活スタイルを創造した企業家ということができます。

第一次世界大戦（一九一四〜一八年）後の日本経済は、重化学工業化の進展をもって特徴づけられますが、同時に東京や大阪などで都市化がいちじるしく進展した時期でもありました。都市化の進展にともなって、郊外と都心を結ぶ都市近郊私鉄が成長をとげました。人口が郊外に分散し、通勤・通学型の新たな交通需要を発生せしめたからであります。第一次世界大戦後の東京市および郊外の人口は増加しつづけ、一九二二（大正一一）年には東京市内の人口は二四七万八二三三人、郊外人口は一四三万一六〇四人となりました。そして、関東大震災後の一九二三年末には東京市内の人口が一五二万七四八九人、郊外人口は一七一万五五五五人となり、郊外人口が東京市内の人口を上回りました（翌一九二四年における東京市内の人口は一六二万六三一〇人、郊外人口は一九八万七一四三人）。

大阪市の郊外化の進展にもいちじるしいものがありました。一九二〇年から二五年にかけて、大阪市内の人口は一二五万人から一三三万人となり、増加率は六・三パーセントにすぎませんでしたが、郊外人口は五五万人から八四万人に増加し、五一・五パーセントもの増加率を示していました。新たに郊外に居住するようになった人びとの多くは、市内の会社、銀行、役所などに勤めるサラリーマンなどからなる新中産層にほかなりませんでした。

都市近郊私鉄の発展は沿線開発を進め郊外化を促進するとともに、新中産層の需要に応えて沿線でさまざまな事業を展開しました。そうした都市近郊私鉄の典型を、大阪の梅田から池田・宝塚・有馬方面、さらには宝塚から西宮方面に路線を伸ばした、小林一三の経営する箕面有馬電気軌道（のちの阪神急行電鉄）にみることができます。同社は一九〇七（明治四〇）年一〇月に設立されたのですが、小林は開業に先立って沿線予定地に三〇万坪以上の土地を買収して郊外住宅地を開発し、一九一〇年に月賦による土地付き住宅の分譲を開始しました。また、一九一四年四月からは当時人気を博していた三越の少年音楽隊を模倣して、宝塚の新温泉で宝塚唱歌隊（のちの歌劇団）による歌劇の上演を始めました。そして、一九二〇年一一月には梅田のターミナルビルで日用品を販売するマーケット（一九二四年四月に阪急百貨店）を開業しました。このような小林の多角的な事業経営は大きな成功をおさめて箕面有馬電気軌道（阪神急行電鉄）の業績は向上し、一九二四年末には一二パーセントの配当を実現しました。小林にあっては、電鉄経営、沿線の土地経営、そしてターミナルデパートの経営が、いわば三位一体となって沿線開発を推し進めていったのです。

同様のことは、堤康次郎についてもいうことができます。堤の事業の中心は軽井沢や箱根の別荘地や観光地の開発、目白文化村や大泉、国立、小平などの学園都市などの住宅地開発でありますが、鉄道や自動車営業はもとより、渋谷の「百軒店」（名店街）、百貨店や遊園地など新中産層向けの事業にも積極的に取り組んでいます。また、東京横浜電鉄や田園都市の経営で知られる五島慶太も、箱根や軽井沢の開発で堤康次郎と激しく競合したことからもわかるように、レジャーや観光事業に積極的に挑んでいきました。根津嘉一郎は東武鉄道の経営再建などで「鉄道王」との異名をとりましたが、一九三一年に国立公園法が公布され、日光が三四年に国立公園に指定されますと、交通機関を独占的に掌握し日光・鬼怒川の観光開発に取り組みました。

こうして本書が取り上げる小林、堤、五島、根津の四名の企業家は、新中産層の新たな生活スタイルを創造した、きわめて革新的な企業家であったといえます。そして、それぞれの企業家としての理念や活動はきわめて個性的であったといわなければなりませんが、そのあたりを読みとっていただければ幸いです。なお、彼らの企業家としての活動は広範にわたっておりますが、本書では以上に述べてきた趣旨から電鉄経営を中心とする新中産層向けの事業を中心に取り上げました。

〔老川慶喜〕

情熱の日本経営史⑧
ライフスタイルを形成した鉄道事業

目次

堤　康次郎

五島慶太

根津嘉一郎

情熱の日本経営史⑧

ライフスタイルを形成した鉄道事業

(阪急電鉄提供)

「日本型私鉄経営」を創りあげた企業家

小林一三

こばやしいちぞう

一八七三（明治六）年、山梨県に生まれる。箕面有馬電気軌道（のちの阪急電鉄）を創業し、乗客誘致と沿線振興を企図して住宅地開発、動物園・野球場・温泉などの娯楽施設、百貨店などの事業を沿線で展開し、日本型私鉄経営と呼ばれるビジネスモデルを樹立した。そして、なによりも宝塚少女歌劇団の生みの親であり育ての親であった。

第一章　郷里と生い立ち

一、郷里と生家

出生と生家

小林一三（一八七三〜一九五七）は、一八七三（明治六）年一月三日、山梨県北巨摩郡韮崎町（現・韮崎市）で、父甚八、母フサの長男として生れました。一三という名前は、彼の誕生日にちなんだものです。

韮崎町は甲州街道の宿駅として発展してきましたが、甲州や信州の米の集散地としても知られ、豪商が軒を連ねていました。小林の生家も屋号を「布屋」と称し、地主で酒造業や絹問屋（のちには製糸業にも進出）を営む富商でした。母のフサは小林家の家付き娘でしたが、産後の肥立ちが悪く、小林の生後まもなくして死去し、婿養子であった父の甚八も実家の丹沢家（中巨摩郡竜王村）に帰ってしまいました。当時婿養子は、家付き娘が死亡した場合、養子先で再縁するのは難しく、離別するのも珍しくはありませんでした。

　こうして小林家には生れたばかりの一三と、その幼い姉のたけよだけが残されることになりました。そのため小林一三は、数え年で三歳のときに家督を継ぎ、両親の薫陶やしつけを受けることなく成長しました。

韮崎学校から成器舎へ

　小林一三の故郷である山梨県からは、若尾逸平、雨宮敬次郎、根津嘉一郎、小野金六、小池国三など、甲州財閥*と呼ばれる一群の実業家が輩出していました（甲州財閥については、本書一八九～一九〇頁も参照のこと）。甲州財閥の巨頭若尾逸平は、これからは「のりもの（鉄道）とあかり（電灯）」が有望な事業であると述べていましたが、その言葉の通り甲州財閥の多くが鉄道と電灯の事業経営に進出しました。小林もその例外ではありませんでしたが、主な事業活動の場を東京ではなく大阪や神戸においていた点で、他の甲州財閥とは趣を異にしていました。

　小林一三は一八七八年に蔵前院という寺院を校舎とし、寺子屋の名残りをとどめる公立小学韮崎学校に入学しました。韮崎町の有力な富商の「坊ちゃん」として活発な少年時代をすごしましたが、小学校の成績はよく、一三歳のときには早くも高等科の二年に

甲州財閥
明治維新期から企業勃興期にかけての経済変動の激しい時期に、商品取引や株式投資で資産を形成し、やがて事業経営にも携わっていった山梨県出身の企業家集団。郷党意識で結ばれ、しばしばグループとして行動したのでこう呼ばれるようになった。若尾逸平、雨宮敬次郎、根津嘉一郎などが代表格である。

進んでいました。

一八八五年一二月一六日、小林は小学校高等科を卒業しました。そして、翌一八八六年には東八代郡南八代村の成器舎という加賀美嘉兵衛（素封家でのちに衆議院議員となる）の家塾の寄宿生となり、英語・数学・国学・漢学などを学びました。こうして小林は、当時としてはもっとも進んだ教育を受けていたのですが、八七年の夏に腸チフスにかかり、やむなく成器舎を退学しました。

小林一三の生家
（宝塚ファミリーランド内）
（阪急電鉄提供）

二、福沢諭吉の慶応義塾へ

真白い海をはじめてみた日

一八八八（明治二一）年二月一三日の冬の寒い日に、小林一三は東京三田にある慶応義塾の高台に立って海を眺めていました。生れてはじめてみる海でした。成器舎を退学した小林は上京し、福沢諭吉の慶応義塾に入学したのです。小林は後年、この日の様子を『逸翁自叙伝』（阪急電鉄株式会社、一九七九年）の冒頭で、つぎのように振り返っています。

「三田通りで人力車を降りて、正門を見上げながら坂をのぼり、義塾の高台に立って、生れて初めて海を見たのであるが、其時、どいうふわけか、海は真白く、恰も白木綿を敷いたやうに鈍ぶい色で、寒い日であったことを記憶してゐる。それは今から六十五年前、十六歳の春、明治二十一年二月十三日である」

山国育ちの小林には海がよほど印象深かったらしく、慶応義塾の寄宿舎「童子寮」の仲間と鎌倉に遠足に出かけたときにみた七里ヶ浜の印象についても、同じく『逸翁自叙伝』のなかで「颪もない好天気に、どうしてあとからあとからと真白い波濤が寄せて来るのか、其理由が判らない。暫く茫然と立ったまま遥かに遠い水天一色の大空を眺め、ドドッと足許に押し寄せる大波に逃げ廻ったことを覚えてゐる」と記しています。

硯友社風のキザな青二才

もともと小説家志望であった小林一三は、慶応義塾在学中も「文学青年の空想的生活に終始し」、交遊も「角帯型の義塾青年層」ではなく、「硯友社*風のキザな青二才に伍して」いました（前掲『逸翁自叙伝』）。童子寮というのは一七、八歳までの少年が入る寄宿舎でしたが、そこでは『寮窓の燈』というコンニャク版の機関紙を発行しており、小林は入寮早々その主筆に選ばれました。

また、このころ麻布十番に森元座、開盛座、寿座という芝居小屋が櫓を並べていまし

硯友社
尾崎紅葉、山田美妙らによって一八八五（明治一八）年に発足した文学結社。一九〇三年一〇月の尾崎紅葉の死によって解体するが、近代文体を確立するなど当時の文壇に大きな影響を及ぼした。

たが、小林は毎月この芝居小屋に通い劇通になりました。木挽町に歌舞伎座が新設されると、はじめて本筋の芝居をみるようになり、国民新聞から劇評の執筆を頼まれたりもしました。小林はいわゆる劇評ではなく、「歌舞伎座の劇評家をみるの記」を執筆し、名だたる劇評家の観劇の仕方を論評しました。のちにみるように小林は、さまざまな斬新なアイディアを事業に結実させていきますが、他人とはまったく違った角度からものをみるという資質はこのころから備わっていたようです。

一八九〇（明治二三）年四月四日、麻布にある東洋英和女学校の校長イー・エス・ラージ女史の夫で宣教師のテー・ラージ氏がなにものかに殺害されるという事件がおこりました。このとき小林は一八歳でしたが、この事件を題材にして「練絲恨《れんしこん》」という小説を書き、郷里の新聞『山梨日日新聞』に靄渓学人という筆名で連載しました。この小説を読んだ国文学者の柳田泉*は、「この作者が若しこのまゝ小説道に入ったら、勉強次第では或は明治文学華やかなりしころの紅露（尾崎紅葉と幸田露伴……引用者）とは列伍されぬまでも、十指の中にはいる大物となったかも知れない」（前掲『逸翁自叙伝』）と、小林の小説家としての才能を大変高く評価していました。

柳田　泉
（一八九四〜一九六九）
青森県の出身で、一九一八（大正七）年に早稲田大学英文科を卒業。トルストイの小説や『カーライル全集』など多くの思想・哲学書を英語版から和訳した。関東大震災後、明治文学を中心に文芸史研究に取り組み、一九二四年には吉野作造らの「明治文化研究会」に参加し、資料収集と実証研究で大きな功績を残した。一九三五（昭和一〇）年に母校の教壇に立ち、のち文学部教授となった。

三井銀行に入社

中上川彦次郎
（一八五四〜一九〇一）
三井財閥の代表的な経営者。豊後国中津藩士の長男として生まれる。母親は福沢諭吉の姉。一八六九（明治二）年、一六歳のときに上京して慶応義塾で学ぶ。一八七四年から七七年までイギリスに滞在し、西欧の制度や事情を学んだ。『時事新報』の社長などを経て三井銀行に入り、三井財閥を政商路線から転換させ、商工立国を志向する近代経営に再編した。

三井銀行常務理事就任当時の中上川彦次郎

このように小林一三は、一五歳から一九歳までの多感な青春時代を文学青年として慶応義塾ですごし、卒業後は三井銀行に就職しました。当時、三井銀行では*中上川彦次郎による近代化改革が行われており、朝吹英二、藤山雷太、武藤山治、和田豊治、池田成彬、藤原銀次郎ら、慶応義塾の出身者が多数採用されていましたが、小林の入行もそうした人事の一環でした。

小林は一八九二（明治二五）年一二月二三日に慶應義塾を卒業し、翌九三年一月から三井銀行に出勤することになっていたのですが、実際に出勤したのは九三年四月からでした。三井銀行への入行が、このように三ヵ月もおくれたのには若干の事情がありました。『逸翁自叙伝』には、つぎのように述べられています。

小林は、一八九二年の暮れの二五日に故郷に帰って正月を迎えました。そして新春早々、まだ「松の内」から鰍沢に出て一泊し、そこから富士川の一番船に乗って静岡県の岩淵までいきました。あいにくの雪模様で、岩淵に到着したのは午後の二時ごろでした。そして三島で一泊し、翌日は熱海で病気療養中の友人を訪ね、二、三泊したのち東京に出る予定でした。しかし小林は熱海滞在中に出会った女性にほのかな恋心をいだき、一月二〇日の卒業式にも出席せずに、熱海に逗留したままでいました。

その女性が東京に戻ると、小林も二、三日おくれて東京に帰りました。それでも小林は、三井銀行には出勤しませんでした。三井銀行からは再三催促を受けていましたが、

都新聞
一八八四（明治一七）年九月に日本で最初の本格的な夕刊新聞として東京で創刊された「今日新聞」を前身とする。仮名垣魯文を主筆とし、当初から芝居や花柳界関係に強かった。一八八八年に「みやこ新聞」と改題し朝刊紙に切り替え、八九年二月からは「都新聞」と漢字に改めた。現在の「東京新聞」。

どうしても気が進まなかったのです。

その当時小林は、群馬県の『上毛新聞』という地方新聞に「お花団子」という時代小説を連載していました。そして、渡辺治という慶応義塾の先輩が都新聞*（現在の東京新聞）に入社するという話があって、小林も勧められていました。小林はその気になって都新聞に入社しようと考えていたのですが、渡辺がどうしても大阪毎日新聞社を離れることができないということになり、小林の話も自然に立ち消えとなってしまいました。渡辺は慶応義塾卒業後、時事新報社の論説記者として活躍していましたが、朝野新聞や大阪毎日新聞を買収して新聞社の経営に乗り出していたのです。

こんなことで小林は三井銀行に出勤もせずにぐずぐずしていたのですが、四月三日に熱海から上京してきた友人にしかられ、四日から三井銀行に出勤し始めました。三井銀行では東京本店秘書課勤務となり、十等手代の資格で月給は一三円でした。秘書課勤務とはいえ実態は給仕のようなもので、重役室の隣室の片隅にいてお茶をもっていったり書類を運んだりしていました。

こうして小林の銀行員生活が始まりました。三井銀行での生活は一九〇七年一月二三日に退職するまで一四年間に及びましたが、出世らしい出世はついにありませんでした。

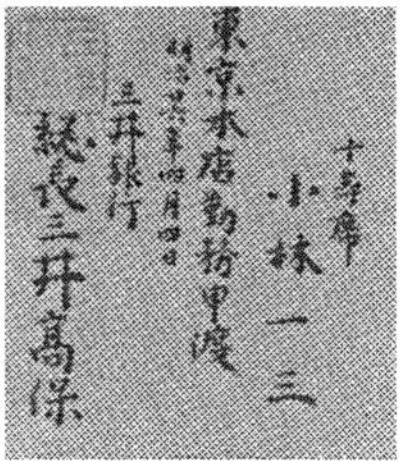

三井銀行入社辞令

第二章　三井銀行時代

一、岩下清周・平賀敏との出会い

大阪支店への転勤

小林一三は、一八九三（明治二六）年九月一〇日前後のある日、大阪駅に降り立ちました。午後の四時ごろでしたが、このときの様子をのちに「荷物を片付けて、独りぼっち梅田のステーションに降りた時は心細かった」（前掲『逸翁自叙伝』）と回想しています。小林は、一八九三年九月一六日付で大阪支店に配属されたのです。大阪は、小林一三の旺盛な企業家活動の主要な舞台となるところですが、そこでの生活の第一歩がこうして始まりました。

この年の七月に三井銀行は合名会社に改組され、三井高保が銀行総長、中上川彦次郎が常務理事（のちに専務理事と改める）となり、改革を進めていました。当時三井銀行では学校出の行員を大量に採用していましたが、東京の本店に三、四ヵ月勤務すると、

岩下清周
（一八五七～一九二八）
信州松代藩の出身で、東京築地の英学塾立教学校（立教大学の前身）や東京商法講習所（一橋大学の前身）などで学んだのち、一八七八（明治一一）年に三井物産に入社した。三井物産ではニューヨーク支店やパリ支店に勤務し、一八八八年に帰国してからは独特の「工業立国論」を提唱した。その後、品川電灯の創立にかかわるが、一八九一年に中上川彦次郎の推挙によって三井銀行に迎えられる。北浜銀行を起こしてからは小林一三の箕面有馬電気軌道をはじめ、阪神電気鉄道、大阪電気軌道（現在の近畿日本鉄道）、南海鉄道、大阪合同紡績（のちの東洋紡績、現在のユニチカ）、大林組、森永製

地方の支店や出張所への転勤を命じられました。小林は同僚が根室、青森、八戸などの「僻地」へ転勤させられるのをみて、大阪支店から要求があると即座に支店長の高橋義雄に頼み込んで、同支店への転勤を実現したのです。大阪支店長の高橋は、慶応義塾卒業後時事新報社の論説記者となりましたが、アメリカ・イギリスへの遊学を経て一八九一年一月に三井銀行に入行しました。みずから「箒庵」と号し、書画・骨董を愛して茶道や謡曲を楽しむ風流人で、小林とは知己の間柄でした。小林に三井銀行への就職を斡旋したのも高橋でした。

大阪支店では現金を取り扱う金庫係を命じられ、手代五等となりました。しかし大阪支店に転勤してからも、小林の文学青年的な生活にはなんら変わりがありませんでした。遊里に足を踏み入れ、小説を書いたり道頓堀の弁天座で芝居をみて劇評に花を咲かせたりする生活を続けていたのです。小林は、一八九三年一一月発行の文学雑誌『この花双紙』（第七号）に短編小説「平相国」を発表しています。『この花双紙』は大阪毎日新聞社系の人々の文学雑誌ですが、小林は「小説家として大いに未練があったから、銀行をやめて何度か大阪毎日に入社しようと迷ってゐた」（前掲『逸翁自叙伝』）とのちに述懐しています。

小林が大阪支店に勤務するようになって二年ほど経つと、支店長の高橋義雄は三井呉服店の改革のために同呉服店専務理事に転出し、一八九五年九月に岩下清周*が大阪支店

菓などに積極的な融資を行った。

長として赴任してきました。岩下は一八五七（安政四）年五月二八日信州松代藩に生まれ、一八歳で上京して現在の立教学院（立教大学などを経営する学校法人）の前身である築地の私塾に入り、米国聖公会の宣教師ウィリアムズから聖書と英語を学び洗礼も受けました。その後矢野二郎に見出され、彼の勧めで一橋大学の前身の東京商法講習所に入学し、さらに岩崎弥太郎と豊川良平によって開かれた三菱商業学校に転校しました。卒業後は、やはり矢野の紹介で益田孝の率いる三井物産に入りました。三井物産ではニューヨークやパリの支店に勤務しましたが、この間に岩下はアメリカの発展と普仏戦争に敗れたフランスをみて、工業興隆の重要性を学びました。そして一八八九年に三井物産を退社し、品川電灯や米穀取引所の経営にあたっていましたが、一八九一年一一月に中上川の改革が進行していた三井銀行に入行したのです。

岩下の銀行経営はきわめて積極的でした。まず、大阪支店の貸付限度額を一五〇万円から五〇〇万円に引き上げるよう本店に稟請しました。これは受け入れられませんでしたが、岩下には銀行というものはただたんに預金を預かり、商業手形を割り引いたり担保を取ったりして貸し付けるという業務を行うだけではなく、これぞと思う有望な事業や企業家には積極的に貸し出しをすべきであるという考えがありました。つまり、「商業金融」から「産業金融」への転換をはかるべきだというのです。三井銀行大阪支店は、日清戦争後の企業勃興期から松方幸次郎（川崎造船）や藤田伝三郎（藤田組）との取引を拡大し、北浜の株式市場や堂島の米穀取引市場への金融支援を強めていきますが、これは岩下のこのような考えによるものでした。

岩下によれば、実業家には「大欲を持って居るものと小欲を持って居るもの」という二つのタイプがありました。「小欲者」は「自己本位とし、金銭の蓄積を以て目的とするもの」、「大欲者」は「国家人類に貢献し国家本位で国民と共に楽しむを以て目的とするもの」で、自らは「大欲の実業家」であるとしています（岩下清周「名古屋控訴院に於ける陳述手控」、故岩下清周君伝編纂会『岩下清周伝』第五編・雑事、一九三一年）。岩下はみずからを国益を志向する大欲の実業家と位置づけ、「工業立国論」にもとづく積極的な産業金融を展開したのです。

こうした岩下の積極策は中上川の感情を害することになり、一八九六年の夏も過ぎたころ、岩下は横浜支店長への左遷を命じられました。中上川も財閥経営者として国益を志向していましたが、西藤二郎によれば「岩下は事業の国益性に鑑みて、金融を自らの理想に基づいて断行して行くのに対し、中上川は、三井にとって有望会社の育成による国益志向であった」（西藤二郎「小林一三とその上司たち」『京都学園大学論集』第九巻第二号、一九八〇年一二月）のです。そのため中上川には、「岩下はやりすぎて何をするかもしれない」（前掲『逸翁自叙伝』）と映ったようです。しかし、かねてから藤田伝三郎とのあいだに北浜銀行設立の計画がありましたので、岩下は横浜支店への転勤とい

三井銀行時代の小林
（阪急電鉄提供）

う辞令を受け取るとただちに三井銀行を退職しました。

岩下の大阪支店長在任期間は一年ほどにすぎませんでしたが、小林は岩下のもとで貸付係として働き、岩下が理想として掲げる銀行像、あるいは金融制度のあり方を学びました。また、岩下を通して三井物産の飯田義一や三池紡績の野田卯太郎らとの交友も始まりました。岩下との出会いは、その後の小林の企業家活動にとって決定的に重要な意味をもったのです。

大阪支店では上柳清之助が岩下の後任として支店長に就任し、池田成彬が次長として赴任してきました。岩下が北浜銀行を設立すると三井銀行堂島出張所主任の小塚正一郎はただちに参加し、小林も大阪支店長の上柳から北浜銀行にいくのかいかないのか態度をはっきりさせるようにと迫られ、貸付係から預金受付係という軽職に移されました。不愉快ではありましたが、北浜銀行に移ると永久に大阪に在住し「大阪人」とならなければなりませんが、その決心がつかずに三井銀行にとどまっていたのです。小林は大阪を離れてこれまでの生活を一新したいと考えて、高橋義雄を通じて東京本店勤務を志願していましたが、『貴下は我儘なる人物なりとの評あり、…略…今回の挙動の如き決して再びすべからざる事」（前掲『逸翁自叙伝』）と書簡で諭され、名古屋支店勤務を命じられました。高橋の戒めは小林の革新的企業家への脱皮の大きなステップとなり（前掲「小林一三とその上司たち」）、この書簡は「守り本尊」としてその後も大切に保管されました。

名古屋支店を経て、再び大阪支店へ

小林一三は一八九七（明治三〇）年一月下旬、平賀敏*が支店長を務める名古屋支店に勤務することになりました。名古屋支店では当初は計算係長、のちに貸付係長となりました。平賀は旗本の名家に生れましたが、明治維新後赤貧に陥り、苦学力行の末一八八一年に慶応義塾を卒業しました。その後、静岡県で師範学校や中学校の教師をしたり宮内庁の役人になったりしていましたが、一八九六年に中上川に認められて三井銀行に入り、わずか二、三ヵ月で名古屋支店長に抜擢されました。

平賀は識見も卓抜で、大所高所からの支店分析はしばしば中上川をうならせました。しかし銀行業務についてはまったくの素人でしたので、部下の意見を尊重していました。小林は平賀のもとで銀行業務に邁進し、一八九七年九月には日本銀行出身で当時名古屋銀行の支配人であった杉野喜精（のちの山一証券社長）とはかって「名古屋銀行青年会」を創設し、翌九八年一〇月からは『名古屋銀行青年会雑誌』を創刊して名古屋経済界に新風を吹き込みました。

一八九九年に平賀が大阪支店長に転出すると、小林は平賀に頼み込んで大阪支店勤務

平賀　敏

（一八五九〜一九三一）

明治後期から大正後期にかけて活躍した実業家。一八五九年八月（安政六年七月）に江戸駿河台で旗本の四男として生まれるが、明治維新後の一八七一（明治四）年に静岡に移る。静岡高等師範で学んだのち一八七八年に上京、慶應義塾などで学ぶ。

郷里で師範学校の教諭などを務めたのち上京して東宮職に入るが、一八九六年三月に三井銀行に入行し本店庶務課長を経て名古屋支店長となり、さらに大阪支店長に転じた。小林一三は、名古屋支店長、大阪支店長時代の部下であった。

にさせてもらいました。再び大阪勤務となった小林の職務は貸付課長でしたが、のちに営業部長に昇進しました。平賀支店長のもとで精励し、大阪経済の情勢や大阪財界人の動静を分析・論評する『業務週報』の発行を提案し、みずからも原稿を執筆していました。『業務週報』は本店や各支店に配布され、重役たちに重宝がられ、小林の眼識や表現能力も評価されていきました。

そのうちに増資をして営業を拡張しようとしていた住友銀行から副支配人に招聘したいという話がありましたが、実現しませんでした。また、先に三井銀行を辞めて北浜銀行の副支配人になった小塚正一郎が支配人となったので、つぎは小林が北浜銀行の副支配人かといううわさも立ちましたが、岩下から「君は漸く三井で認められるやうになって来たと思ふ。いま動いては損だ、三井に居ることだ」(前掲『逸翁自叙伝』)と忠告を受け、結局三井銀行にとどまることになりました。

二、三井銀行を退職

東京本店調査課への左遷

三井銀行は一九〇〇(明治三三)年一二月、神戸支店所属の小野浜倉庫、東京深川支

店所属の箱崎倉庫を、それぞれ独立した支店として改組・新設しました。小林一三は一九〇〇年もおしせまった暮れの一二月、大阪支店長の平賀敏から、箱崎倉庫の主任に内定したので来春早々に上京すべし、という通告をもらいました。一店の主任になると社宅または社宅料のほか、特別月手当てももらえ、ほぼ毎月一〇〇円の収入増が見込まれました。小林にもいよいよ運が向いてきたように思われました。

翌一九〇一年一月に上京し、新聞をみてみると三井銀行倉庫部の独立・新設に関する記事が出ており、驚くことに箱崎倉庫の主任には高津次盛という聞いたこともない人の名がのっていたのです。辞令を受け取ってみると、案の定小林は次席でした。一晩のうちに人事が急転したのですが、この顛末については不明です。なお三井銀行では、この年の二月に中上川彦次郎専務理事が病死し、後任に早川千吉郎が選任されました。

こうして小林は高津主任のもとで、次席として働くことになりました。そして、それから一年半もたたないうちに本店調査課に左遷されました。本店調査課では検査主任という「気楽な役」が与えられ、全国の支店を年に二回検査するために二ヵ月に三、四ヵ所の支店を訪ねることになりました。小林は本店調査課時代を振り返り、「食ふに困らないと言ふだけで、何等希望も野心も持てない不愉快の時代」であり、「一生の中、私の一番不遇時代」「耐へがたき憂鬱の時代」であったと回顧しております。そして「何とかして好機会をつかんで、飛び出すより外にないものと覚悟」を決めるようになりました（前掲『逸翁自叙伝』）。

日露戦争（一九〇四〜〇五年）の勝利が確定的になると、日本経済は好景気にわきました。三井家の各事業部は三井銀行から人材を採用するようになり、小林にも三井物産に行かないか、あるいは三越呉服店はどうかという話がもち上がってきました。とくに三越呉服店へは副支配人でというふうにもいわれ、ほとんど確定的な話であったので、小林は借金までして株を持ち「三越呉服店に行く以上は、墳墓の地と覚悟して」（前掲『逸翁自叙伝』）いましたが、結局実現しませんでした。

住友銀行といい、北浜銀行といい、小林は副支配人というポストには縁がなかったようですが、三越呉服店の副支配人ポストは小林に幸運をもたらしました。三越の話が壊れたので借金を返済するために株を売却したところ、株価が暴騰しており、思わぬ売却益が転がり込んできたのです。小林は、これで三井にいなくてもやっていける、適当な仕事がみつかったら独立をしようと考えるようになりました。

証券会社の設立計画と三井銀行の辞職

一九〇六（明治三九）年六月、資本金二億円の南満州鉄道株式会社（満鉄）が設立されました。この会社は資本金の半額を政府が現物で出資する、いわば半官半民の会社でしたが、日露戦争後の投資熱に油を注ぎました。その年の冬、満鉄株九万九〇〇〇株の公募に対して応募総額は一億六七三株にも及び、公募数の一〇七〇倍ほどに達したのです。その結果、一株五円の払込領収書が四〇円から九〇円で取り引きされました。

この熱狂の翌年の一九〇七年一月二三日、このとき小林は三四歳でしたが、三井銀行を退職しました。三井物産の重役飯田義一と岩下清周に誘われて、大阪で日本で最初の証券会社を設立するためでした。岩下は日本にも外債や公債、社債などの引受募集、売出しなどの証券業務を行う会社が必要であると考え、大阪の相場師・島徳蔵*の商店を買収して、公債や社債の引受募集、有価証券の売買などを行う、資本金一〇〇万円の北浜証券株式会社を設立することを計画していました。野村徳七が、大阪野村銀行(のちの大和銀行)を設立して証券業務を開始したのが一九一八年、その大阪の野村銀行から証券業務が分離して野村証券が設立されたのが一九二五年ですので、岩下の証券会社設立計画はそれよりもかなり早かったといえます。

岩下は、その証券会社の支配人に小林一三がもっとも適任であると考えていました。小林は銀行業務の経験が長く有価証券に関する知識も十分で、何よりも投機に手を染めないと評価されていたからです。こうして小林は、いよいよ三井銀行を辞める決心を固めました。

島　徳蔵
(一八七五〜一九三八)
大阪出身の株式相場師。家業の株式仲買業に従事して天才相場師との名をほしいままとし、「大阪の島徳」とよばれた。大阪株式取引所の理事や阪神電鉄の社長などを務めたが、一九二七(昭和二)年の取引所法違反事件にかかわり没落した。

第三章　箕面有馬電気軌道の創業

一、箕面有馬電気軌道の設立と開業

阪鶴鉄道の監査役

小林一三は三井銀行を退職すると、岩下清周が新設する証券会社の支配人になるため、一九〇七（明治四〇）年一月一九日、一家をあげて大阪に赴任しました。しかし、大阪に到着した直後から日露戦争後の好景気の反動で株価が大暴落し、証券会社の設立どころではなくなってしまいました。大阪株式取引所の株価は一九〇六年五月の一五一円から漸次高騰し、一二月には四二一円となり、〇七年一月一九日には最高値の七七四円を記録しましたが、一月二一日には六六〇円、一月三一日には四一九円と値を下げ、二月初旬には九二円にまで惨落したのです（前掲『逸翁自叙伝』）。

こうして岩下の証券会社設立計画は挫折し、小林は生れてはじめて失業の身となりました。小林は、のちにこのころを「私は大きい希望と、野心と、夢のやうな空想を抱いて大阪へ帰って来たものの、北浜証券株式会社設立の計画などは、北浜銀行も島徳株式店も、てんやわんやの騒ぎで、到底見込みがない。当分は浪人と覚悟はしたものの、生れて初めて無職に落ぶれる心細さに、食ふには困らぬといふだけで、毎朝働きに出かける永年の習慣から、サテ、出掛けなくてはならぬ義務の無い身分になると、二日、三日宅に引籠って遊んでゐるのも退屈で仕方がない。あても無く飛び歩くのも気がひけて、我ながら意気地なく、暫く子供相手に無聊《ぶりょう》を慰めてゐる」（前掲『逸翁自叙伝』）と回想しています。

しかし、それから三ヵ月後の一九〇七年四月、小林は再び三井物産の飯田義一の推薦で阪鶴鉄道*の監査役に就任することになりました。阪鶴鉄道は大阪と舞鶴を結ぶことを目的に設立された鉄道会社で、一九〇四年に大阪―福知山間（現在のJR西日本福知山線）を開通しました。当時三井物産は阪鶴鉄道の大株主で、飯田は取締役、同じく三井物産の野田卯太郎が監査役となっていました。三井物産が阪鶴鉄道の大株主となったのは、香野庫治という砂糖商が砂糖の輸入に失敗して、所有していた阪鶴鉄道の株式を三井物産に譲渡したからです。飯田によれば、一九〇七年三月の決算後に取締役を辞任した野田がその後任となるので、野田の後任の監査役に就任してほしいというのでした。

阪鶴鉄道は、一九〇六年三月に公布された鉄道国有法によって国有化されることになりましたので、社長の田艇吉をはじめ、土居通夫、野田卯太郎、弘道輔、速水太郎、池

阪鶴鉄道
伊丹の酒造家小西新右衛門と大阪の財界人らが、一八九三（明治二六）年八月に設立した私設鉄道で、大阪から伊丹、池田、福知山を経て日本海の要港舞鶴を結ぶ鉄道の敷設を計画していた。しかし、すでに京都―舞鶴間を結ぶ京都鉄道の敷設が免許されていたため、福知山までしか免許が下りず、大阪―神崎間も官設鉄道との重複を理由に却下された。また神崎―池田間は摂津鉄道と重複していたので、一八九七年に同鉄道を合併した。その後、福知山―新舞鶴間に官設鉄道が開業したので、阪鶴鉄道は官設鉄道を経由して舞鶴まで路線を延ばした。一九〇七年八月に鉄道国有法によって国有化され、官設鉄道福知山線となった。

阪鶴鉄道本社
（阪急電鉄提供）

田貫兵衛、米沢吉次郎らの阪鶴鉄道関係者は、すでに敷設免許を取得していた大阪―池田間の路線を生かして箕面有馬電気軌道の設立を計画していました。箕面有馬電気軌道は一九〇六年三月一〇日に設立認可を申請し、一二月二二日に認可を受けると翌日の二三日に発起人会を開催しました。

このころは日露戦争後の好景気で、箕面有馬電気軌道の株式も株式割当が未定であったにもかかわらず、権利株の高値は二〇円にも達していました。阪鶴鉄道の重役たちは箕面有馬電気軌道の権利株の高騰に目を奪われ、割当株の問題で評議が長引いていました。大株主の三井物産はこれではいけないと考え、電鉄会社の設立を促進するために小林を阪鶴鉄道の監査役に推薦しました。小林は、当初は阪鶴鉄道の単なる監査役でしたが、同鉄道が一九〇七年八月一日に国有化され解散の決議をすると監査役清算人として常勤のように毎日出社することになりました。

箕面有馬電気軌道の設立

箕面有馬電気軌道の資本金は五五〇万円（一一万株）で、梅田～池田～宝塚～有馬間、池田～箕面間、および宝塚～西宮間の路線建設を計画していました。株式の割り当てに手間取っていましたが、ようやく一九〇七（明治四〇）年一月一九日に一般公募を見合わせて阪鶴鉄道の株主などに対する割り当てを確定し、一月二二日限りに株式引受証拠金一株二円五〇銭の第一回払い込みを実施しました。

一九〇七年一月一九日は、小林が北浜証券の設立に希望を抱いて来阪した日でした。すでに述べましたように、大阪株式取引所の株価はこの日を最高値に暴落しました。箕面有馬電気軌道は、こうしたなかで一九〇七年三月二五日に一株につき一二円五〇銭の払い込みを通知しました。しかし、日露戦後恐慌の影響は深刻で、証拠金二円五〇銭を捨てても第一回の払い込みに応じないという株主が続出し、一一万株のうち五万四一〇四株、すなわち約半数の株式が未引受となってしまったのです。

こうして箕面有馬電気軌道の設立は危ぶまれ、解散の瀬戸際まで追い込まれました。京阪電車（京都～大阪間）、神戸市電（神戸市内）、兵庫電車（神戸～明石間）、奈良電車（大阪～奈良間）ならばいざ知らず、有馬温泉や箕面公園に電車を敷いても見込みがないというのが一般の人びとの見方で、発起人の間でもすでに使ってしまった二万数千円の創立費をどのように負担するのか、解散するのならできるだけ早いほうがいいなどという意見が続出していました。

箕面有馬電気軌道の発起人会や重役会は、省線池田駅の山手側の丘の上にあった阪鶴鉄道の本社で行われていましたので、小林はしばしば大阪から池田に通うことになりました。そのさい、二度ばかり箕面有馬電気軌道の計画線の沿道を歩きました。歩きながら、あるアイディアが浮かびました。沿線には理想的な住宅地がたくさんあり、しかも地価が安い。したがって一坪一円で五〇万坪を買い集め、これを鉄道開通後に二円五〇銭の利益を乗せて転売すれば、半期ごとに五万坪売れたとしても各期一二万五〇〇〇円の利益が出る。小林はこのように住宅地経営を当初から始めておけば、電車で儲からなくても利益が出て、株主を安心させることができるのではないかと考えたのです。

小林はこのようなアイディアをもって北浜銀行の岩下清周を訪ね、この仕事をやらせてほしいと願い出ました。岩下は「君も三井を飛び出して独立したのだから、自分一生の仕事として責任を持ってやって見せるといふ決心が必要だ」（前掲『逸翁自叙伝』）と忠告し、そのうえでいくつかのアドバイスをしてくれました。こうして岩下は、小林が箕面有馬電気軌道の事業を始めるさいにも決定的に重要な役割を果たしたのです。

小林は岩下のアドバイスを受け入れ、まず未引受の五万四〇〇〇株のうち約一万株を佐竹作太郎、根津嘉一郎および小野金六ら、故郷の甲州系財界人に引き受けてもらい、残りの四万株は岩下清周の北浜銀行に引き受けてもらいました。こうして、第一回払込金一三七万五〇〇〇円を調達しました。ついで小林は三井物産に頼み込み、代金の支払いは開業後二年以内という条件で鉄道敷設のための資材や機械を確保しました。三井物産との橋渡しも、岩下によるものでした。

一九〇七年六月三〇日、小林は箕面有馬電気軌道の発起人田艇吉らと「契約書」を取りかわし、同鉄道の創立事務一切を引き受けることにしました。契約書の内容は、小林が創立事務一切の執行者となるかわりに株式の不足分は小林がすべて引き受け、同鉄道の設立の見込みがない場合には証拠金を返却するなど、発起人や創立委員に金銭上の負担はもちろん、一切迷惑をかけないというものでした。小林は、岩下の独立人として責任をもって仕事に臨まなければならないという忠告を受けて、失敗した場合には創立費三万円弱と毎月の雑費四〇〇〇円、あわせて四、五万円の自腹を切る覚悟を決めていましたので、何事に対しても強気で交渉にあたることができたのです。

こうして創立事務の一切を引き受けた小林は、まず創立事務費を節約するため、阪鶴鉄道の事務員全員を解雇し、事務所を高麗橋一丁目の桜セメント会社の二階の一室に移しました。桜セメントは、小林が三井銀行の名古屋支店および大阪支店に勤務していたときの支店長であった平賀敏が、同行退職後最初に手がけた事業でした。家賃は二〇円、給仕も小使も電話も電灯も、すべて桜セメントもちでした。そして、鉄道工事は鉄道工務所に委託しました。鉄道工務所は、鉄道会社の計画、設計、出願、さらには工事の監督などを請け負っていました。

そして一九〇七年一〇月一九日、大阪商業会議所内で箕面有馬電気軌道の創立総会が開催されました。取締役は井上保次郎、松方幸次郎、志方勢七、藤本清兵衛、小林一三、監査役は野田卯太郎、平賀敏、速水太郎で、小林は専務取締役に就任しました。社長は

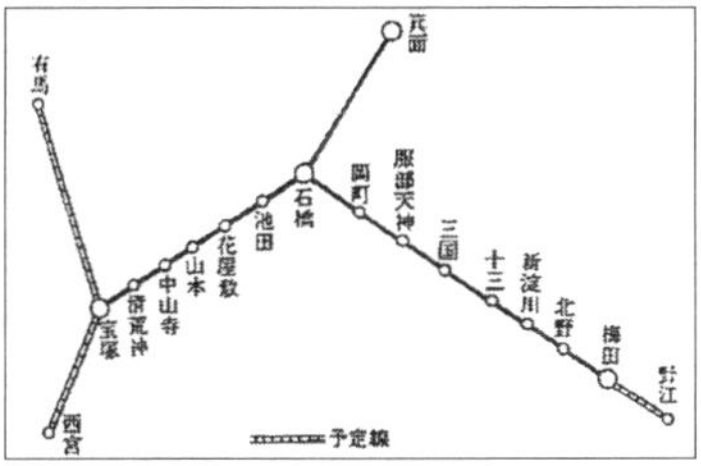

創業時の箕面有馬電気軌道の路線図（『伊丹市史』第3巻）

空席としていましたが、それは小林がいずれ岩下を社長に迎えようと思っていたからです。岩下は一九〇八年一〇月一九日、初代社長に就任し、一九一四年上期まで務めましたが、小林が実際の経営を担っていたことはいうまでもありません。

また箕面有馬電気軌道が設立され登記を終えると同時に、事務所を桜セメントの二階から北浜銀行堂島支店の三階に移し、陣容を整理しました。こうして小林一三のアイディアと努力によって箕面有馬電気軌道は設立されましたが、そこには岩下清周と平賀敏という三井銀行時代の上司の多大な援助があったのです。とくに小林は岩下への感謝の念を強くしており、一九一七年一一月に『歌劇十曲』を出版したさいに「此書を岩下清周翁に献ず」と題して、「私の会社（箕面有馬電気軌道…引用者）は貴下のお蔭によって此世の中に生れて来ました」と記すほどでした（前掲『逸翁自叙伝』）。

箕面有馬電気軌道の開業

箕面有馬電気軌道の創立事務の一切を引き受けた小林一三は、同軌道より半年も一年も前に設立され、敷設工事に着工していた京阪電鉄、神戸市電、兵庫電鉄などよりも一足先に開業させたいと考えました。そしてそれを目標に工事日程を組み、一九〇七（明治四〇）年一〇月一日までに第一回払込を完了し、一〇月一九日に創立総会を開き、そ

大林芳五郎

れまでに用地買収を完了すると、ひそかに決心していました。

建設工事は大林組の大林芳五郎に無条件で一任し、鉄道工務所の速水太郎に総監督、鉄道院技師で福知山線建設所長の上田寧に技師長をお願いしました。大林芳五郎は一八九二年に土木建築請負業を創業し、一九〇四年に店名を大林組としましたが、岩下清周に見込まれて日露戦争期から北浜銀行系の企業として飛躍的な発展をとげていました。

工事は一九一〇年四月一日の開業を目標に進められましたが、計画よりも二一日も早い三月一〇日に開業しました。京阪電車、神戸市電、兵庫電車、さらには南海鉄道の電化よりも早く箕面有馬電気軌道が開業したのです。

当時の新聞は、開業当初の様子を「箕面電車は開通早々中々の人気で、十日には切符の売上千六百五十円に達したそうだ。少し腰掛の狭いのと運転の振動でピリピリと頭へ響くのが遺憾だが、線路は丘陵の間を走るので、南海や阪神に比すると変化があって面白い」と伝えています（「箕面電車の賑」『大阪朝日新聞』一九一〇年三月一一日）。このように箕面電車の滑り出しは好調であったあったようですが、沿線の住宅地開発などは進んでおらず、遊覧線としての性格が強かったといえます。

二、独創的な電鉄経営と阪急コンツェルン

沿線住宅地の開発

小林一三は箕面有馬電気軌道の経営は電鉄業だけでは成り立たないと考え、沿線で住宅地を開発するとともに温泉や娯楽施設を開設し、乗客の増加をはかりました。そして、一九〇八（明治四一）年一〇月には、『最も有望なる電車』という宣伝用のパンフレットを自ら筆をとって作成しました。三七頁からなるもので、建設予算から建設工事の説明、収支の見込み、住宅地の経営、遊覧電鉄の真価などを詳述したもので、発行部数は一万冊ほどでした。

小林はこのパンフレットで、三井物産の仲介・金融を得ていること、格安な費用で建設が可能なことなどを箕面有馬電気軌道の長所としてとりあげ、株主に未開業中には五パーセント、開業後は八パーセントの配当を約束し、計画している事業がうまくいけば一〇パーセント以上の配当も夢ではないと宣伝しました。そしてその根拠として、住宅地経営の有望性をあげていました。小林は、住宅地経営は「外国の電鉄会社が盛んにやって居る」（前掲『逸翁自叙伝』）ことであると前置きし、つぎのように沿線が住宅地

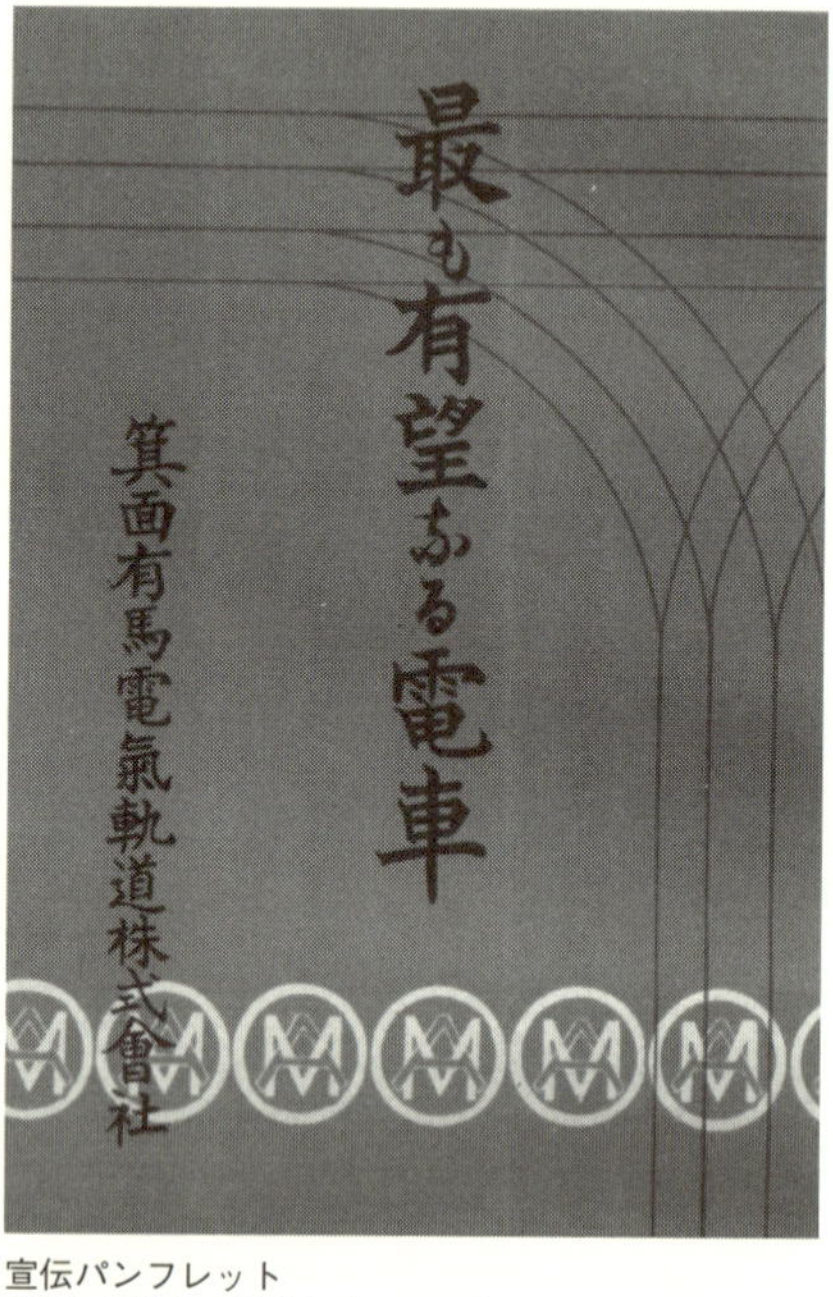

宣伝パンフレット
『最も有望なる電車』（1908年）
（阪急電鉄提供）

としていかにすぐれているかを説明しています。

「当社は沿線に約二〇万坪の土地を所有していますが、いずれも大阪の梅田から五～八マイルの距離で一五～二〇分ぐらいで往来でき、大阪市内に居住しているのと少しも変わらないのに、いわゆる田園生活を享受することができます。大阪の膨張・発展とともに、大阪市民の別荘地・住宅として最も優れているのは、当社の沿線であると断言できます」

そして一九〇九年の秋には、箕面公園の紅葉のころを見計らって『住宅地御案内―如何なる土地を選ぶべきか、如何なる家屋を選ぶべきか』というパンフレットを発行しま

表1　箕面有馬電気軌道の沿線所有土地

場　所		大阪からの距離(km)	大阪からの時間（分）	坪　数
第1区	梅田			880
第2区	服部天神附近	7.9	10	15,600
第3区	曽根附近	8.8	11	33,700
第4区	岡町附近	10.2	13	64,700
第5区	同	10.2	13	50,000
第6区	麻田附近	11.8	16	12,640
第7区	分岐点附近	7.4	20	27,900
第8区	池田新住宅地及附近	16.0	23	33,020
第9区	中山及米谷梅林附近	21.9	30、35	11,900
第10区	箕面公園附近	17.9	25	61,920
合　計				312,260

出典：「如何なる土地を選ぶべきか」（小林一三『逸翁自叙伝―青春そして阪急を語る』阪急電鉄株式会社、1979年、193頁）。

した。ここで小林は、「美しき水の都は昔の夢と消えて、空暗き煙の都に住む不幸なる我が大阪市民諸君よ！」と呼びかけました。日清戦争と日露戦争にはさまれた時期には日本の工業化が著しく進展し、大阪はかつての「美しき水の都」（＝商業都市）から「空暗き煙の都」（＝工業都市）へと変貌していたのです。

小林は時代の変化をこのようにとらえて、「箕面有馬電車たるものは、風光明媚なる其沿道住宅地を説明し『如何なる土地を選ぶべきか』の問題を諸君に提供すべき義務あるを信ぜんとす」と宣言します。なぜなら、「最も適当なる場所に三十余万坪の土地を所有し、自由に諸君の選択に委し得べきは、各電鉄会社中、独り当会社あるのみ」だからです。小林は、ここでも阪神、南海、京阪など、他の電鉄会社に対する箕面有馬電気軌道の優位性を誇っています。箕面有馬電気軌道の所有する住宅地は**表1**のようで、大阪から距離にして二二・五キロメートル、時間にして三五分以内の沿線に、合計三一万二二六〇坪の住宅地を所有していました。

小林はさらに「住宅地として各々好む処を選ぶ以上は其風光に調和し、尚ほ且つ衛生的設備の完全したる家屋即ち住宅其物の設計も

東豊中住宅地（『家を建るなら』1937年）

池田新市街地住宅の庭園（『最近の大阪市』1912年）

亦た等閑視すべきにあらず」として「如何なる家屋に住むべきか」を論じ、つぎのような結論を導いています（前掲『逸翁自叙伝』）。

「巨万の財宝を投じ、山を築き水を導き、大厦高楼を誇らんとする富豪の別荘なるものは暫く措き、郊外に居住し日々市内に出でて終日の勤務に脳を絞り、疲労したる身体を其家庭に慰安せんとせらるる諸君は、晨《あした》に後庭の鶏鳴に目覚め、夕に前栽の虫声を楽しみ、新しき手造りの野菜を賞味し、以て田園的趣味ある生活を欲望すべく、従って庭園は広きを要すべし、家屋の構造、居間、客間の具合、出入に便に、日当り風通し等、屋内に些かも陰鬱の形を止めざるが如き理想的住宅を要求せらるるや必せり」

こうして箕面有馬電気軌道が販売する郊外住宅は「富豪の別荘」のような大邸宅ではなく、毎日大阪市内に通勤し家庭に慰安を求める人々の住宅であったといえます。小林は沿線の土地や住宅を賃貸するとともに、土地付分譲住宅を一〇年間の月賦で販売しました。まず、一九一〇（明治四三）年六月に池田室町で二万七〇〇〇坪の土地を分譲しました。池田室町で売り出された住宅は一区画一〇〇坪、二階建て五～六室の文化住宅で、和風と洋風の二種類があり、価格は二五〇〇円ほどでしたが、売価の二割を頭金とし、残金を一〇ヵ年賦としました。したがって一ヵ月に二四円支払えば、この文化住宅を手に入れることができたのです。池田室町の住宅地はほとんど売れたので、ついで豊

宝塚新温泉
（『宝塚少女歌劇廿年史』1933年）

箕面動物園の不老門
（『最近の大阪市』1912年）

中、桜井、岡本、千里山などでも土地分譲をはじめました。

それでは、この郊外住宅にはどのような人々が住むのでしょうか。小林によれば、それは官吏、弁護士、医者、銀行員、商社員など、資産はないが学歴の高いホワイトカラー層、すなわち「新中産層」でした。当時の銀行員の初任給は四〇〜七〇円程度でしたので、かれらは年収の五倍ほどで郊外住宅を手に入れることができたのです。割賦販売方式も歓迎され、分譲住宅はたちまちのうちに完売となりました。こうして、小林の土地経営は「日本に於ける土地住宅経営の元祖として誇り得る好成績を挙げ」（前掲『逸翁自叙伝』）たのです。

箕面動物園と宝塚新温泉

小林一三は、一九一〇（明治四三）年一一月、箕面に動物園を開場しました。当時近畿地方では、京都以外に動物園はありませんでしたので多くの遊覧客を集めましたが、結局は失敗に終わりました。箕面動物園は自然の岳岩を利用して猛獣を飼うことにしましたが、軽微な地震でも岳岩に亀裂が入り土砂の崩壊がおこりました。また猛獣の飼育は難しく、維持費も多くかかりました。さらに、箕面公園は自然の景観が美しい天然公園であるので、ここを俗化させることは大阪市民の望むところではありませんでした。

こうして、箕面動物園はやむなく閉鎖されました。

一九一一年五月一日には宝塚に新温泉が開業しました。宝塚の旧温泉を含む開発計画が宝塚の人々に受け入れられなかったため、武庫川原の埋立地を買収して新温泉をつくったのです。宝塚新温泉は日本でははじめての構想で、大理石の浴槽と広壮な施設が整備されており、毎日何千人という浴客を誘致して繁盛しました。そして、一九一二年七月一日には、最新式の室内水泳場を中心とした娯楽場の近代的洋館パラダイス一棟が落成しました。しかし水泳場は失敗に終わり、プールを板張りにし広間として使用しました。

一九一四年四月からは当時人気を博していた三越の少年音楽隊を模して、宝塚の新温泉で宝塚唱歌隊（のちの宝塚少女歌劇団）による歌劇の上演を始めました。小林は、宝塚に大衆的娯楽施設を集中させたのです。

さらに小林は、乗客誘致のためにさまざまな施策を実行しました。一九一三年五月には豊中に大運動場をつくり、一五年に大阪朝日新聞社主催の第一回全国中等学校優勝野球大会を開催しました。これは全国高等学校野球選手権大会として会場を甲子園球場に移し、現在まで継続して開催されています。

白木屋

大村彦太郎による創業で、京都の小間物・呉服問屋として知られるが、一六六二（寛文二）年に江戸の日本橋通三丁目に進出し越後屋（のちの三越）、大丸屋（のちの大丸）とならぶ江戸三代呉服店の一つに数えられた。明治末期から大正期にかけて三越とともに百貨店として先駆的な経営を試みるが、第二次世界大戦後の一九五六（昭和三一）年に東京急行電鉄の経営に移り、東急百貨店日本橋店となった。

阪急百貨店の開業

小林一三は一九二〇（大正九）年一一月、梅田のターミナルビルで日用品を販売するマーケットを開業し、当初は白木屋*に賃貸していましたが、一九二五年六月に直営方式に切りかえ、翌二九年四月には地下二階・地上八階の新館で阪急百貨店を開業しました。阪急百貨店はその後三回にわたって増築され、一九三五年二月には売場面積四万五五〇二平方メートルを要する日本最大のターミナルデパートとなりました。三越や白木屋など、当時の主要な百貨店は呉服屋を前身としていましたが、小林があえて梅田のターミナルで百貨店を経営しようとしたのは、つぎのように考えたからでした。

これまでの百貨店は客を集めるのに自動車で送り迎えをしたり、種々の催しをしたりして、客寄せにかなりの経費を費やしていました。しかし、客は五万人ないし八万人程度しか入っていません。阪急の梅田駅では、一日に一五万人ないし一六万人の乗降客がありますし、また大阪の「ミナミ」には百貨店がありましたが、「キタ」にはありませんでした。したがって阪急の梅田駅に百貨店をつくれば、黙っていても客が集まり、客寄せの経費が節約でき、その分一割程度の廉売が可能になります。

こうして阪急電車の沿線に住めば生活費が安くなる、阪急百貨店のおかげでこんなに生活費が安くなる、電車賃が無料になった、ということになります。阪急百貨店は阪急沿線の住民や勤め帰りのサラリーマン層をターゲットとし、「どこよりもよい品を、どこよりも安く」という方針を立て、実用本位の百貨店として発展していきました。

宝塚少女歌劇団の発展

宝塚唱歌隊は一九一三（大正二）年七月一日に発足しました。本居長世作の喜劇「浮れ達磨」や北村李晴作「ドンブラコ」で練習を重ね、失敗に終わったパラダイスの室内水泳場を利用して、九ヵ月後の一四年四月一日に処女公演にこぎつけました。この処女講演では四月一日から五月三〇日まで「ドンブラコ」「浮れ達磨」「胡蝶の舞」などが上演されましたが、小林一三はのちにこれを「温泉場の余興として生れた」とはいえ、「日本歌劇に於ける先人未踏の新分野を開拓せんが為めに、健気にも振り上げた最初の鍬」であったとしています（前掲『逸翁自叙伝』）。

また一九一五年一〇月には、東京帝国劇場の座頭で天下の名優として知られていた松本幸四郎が宝塚歌劇団を視察し、「日本の芸術界に新生命を開いた創業的光明が東京にあらずして大阪の宝塚、而もそれが専門家の手によらずして、電鉄会社の娯楽場において生れたという事は実に感慨無量に堪へぬのであります」と語りました（前掲『逸翁自叙伝』）。

第４期増築（1936年）後の阪急百貨店（『大阪急』1936年）

宝塚少女歌劇第一回公演
「ドンブラコ」
（『宝塚少女歌劇廿年史』1933年）

宝塚音楽歌劇学校（『宝塚少女歌劇廿年史』1933年）

宝塚唱歌隊は一九一三年一二月に宝塚少女歌劇養成会となりましたが、一八年には私立学校令*による宝塚音楽歌劇学校として認可され、小林が校長に就任しました。宝塚少女歌劇団はその発表機関として組織されたもので、一九一八年五月には東京帝国劇場に出演し、念願の東京進出を果たしました。

そして一九二四年七月には、三階建ての観覧席で四〇〇〇人を収容できる大劇場が完成し、二七年九月にはレビュー「モン・パリ」が上演され、三〇年には「すみれの花さく頃」の歌で有名な「パリゼット」が大ヒットしました。その後一九三三年、宝塚少女歌劇団は独立組織となりました。

私立学校令
一八九九（明治三二）年八月三日に公布され、八月四日から施行された私立学校のみを対象とする最初の法令。日本の近代教育のなかで私学の存在が正当に位置づけられるとともに、私学も公立や官立の学校と同様に教育勅語を中心とする天皇制国家の教育体系に組み込まれることになった。

神戸線の開業

箕面有馬電気軌道は一九一八（大正七）年二月四日に阪神急行電気鉄道と杜名を変え、二〇年七月一六日に神戸線を開業しました。阪急電鉄は西宮〜神戸間の灘循環鉄道と連絡し、大阪〜神戸間の新路線を開業したのです。箕面有馬電軌は灘循環鉄道線と連絡するため、一九一三年二月二〇日に十三停留場から分岐して伊丹を経由して西宮線門戸にいたる新路線の敷設特許を得ていました。

灘循環鉄道の株式の多くは北浜銀行が所有していましたが、同行は一九一四年八月に

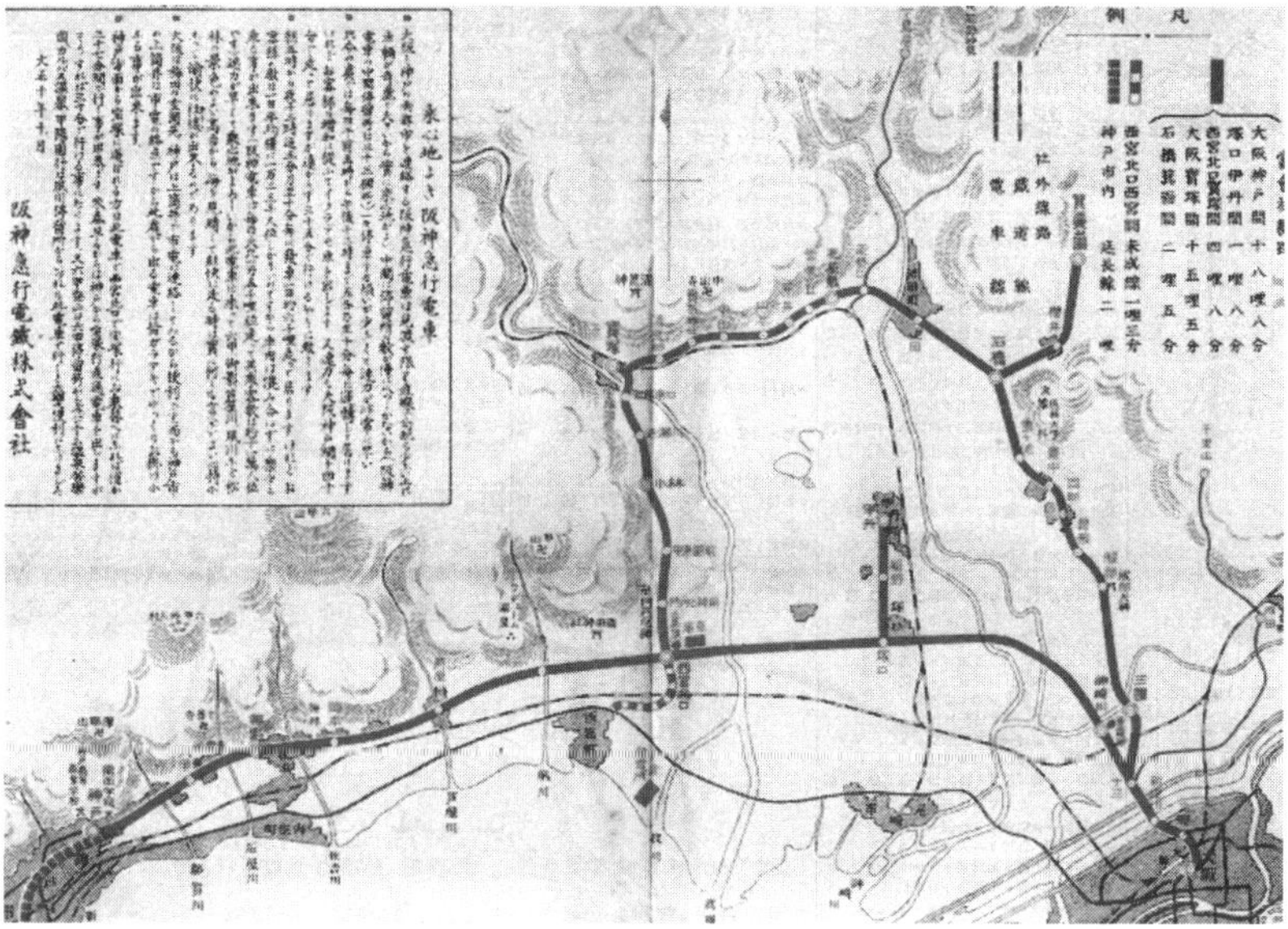

箕面有馬電気軌道神戸線の路線図（阪急電鉄提供）

破綻してしまいました。北浜銀行の新頭取となった高倉藤平は、阪神電鉄に灘循環鉄道の買収を勧告しました。阪神電鉄の専務取締役であった今西林三郎は北浜銀行の新重役でもありましたので、阪神電鉄が灘循環鉄道を買収するものと思われていました。

そこで箕面有馬電軌は阪神電鉄と交渉を開始し、以下の三案を提示しました。第一案は北浜銀行の頭取高倉藤平が勧告しているように、阪神電鉄が灘循環鉄道を買収するのであればぱ、箕面有馬電軌は阪神間直通線建設の計画を放棄する。しかし、そのために無価値となる十三〜門戸間の線路建設のために費やした実費を支出していただきたいというものです。第二案は、もし阪神電鉄が灘循環線を買収しないのであれば、同線を阪神電鉄と箕面有馬電気が共同で経営してはどうかというものでした。そして第三案は、阪神電鉄が第　案にも第二案にも賛成できないのであるならば、箕面有馬電軌は北浜銀行を整理するため、やむをえず阪神間直通電鉄の計画を進捗させるというものでした。

　これに対して阪神電鉄は、箕面有馬電軌が阪神間直通運転をしてもさして脅威とは感じなかったためか、箕面有馬電軌が灘循環線を買収しても異議がないと回答してきました。そこで箕面有馬電軌は、阪神間直通線建設の計画をたて、一九一六年四月二八日の臨時株主総会の決議を経て灘循環電鉄特許線の合併を認可申請しました。阪神電鉄は、同年六月一六日に箕面有馬電軌の株主結城林清、那須善治らの名によって灘循環電鉄線合併に関する株主総会無効の訴訟をおこしましたが、棄却されました。

　箕面有馬電軌は伊丹経由の迂曲線を塚口経由に変更して神戸線を建設し、四両連結の急行電車を走らせ、大阪～神戸間を三〇分で結ぶことに成功しました。一九二〇年七月には伊丹支線も開通し、二一年九月には西宮北口～宝塚間が開通しました。こうして箕面有馬電気軌道という田舎電車は、阪神間を結ぶ都市間電車の阪急電鉄に生まれ変わり、乗客数が急増していきました。阪急電鉄の経営は良好で、配当率は一〇パーセントをこえるようになりました。

　このように灘循環電鉄線の買収は、阪急電鉄の経営に大きな意義をもっていました。小林一三は灘循環線をめぐる阪神電鉄との経緯《いきさつ》について、のちに「灘循環電鉄に対する交渉に於ても、実は阪神の不徳義から訴訟になつて、一審に勝ち、二審に勝ち、大審院に迄争つて、弱く共正義は勝つといふ実物教育を得た時から、今に見よ、といふ此敵愾

表2　箕面有馬電気軌道（阪神急行電鉄）の営業成績　（単位：千円・%）

年度	営業収入								営業支出	利益金	配当率
	運輸	地所・家屋	電灯・電力	動物園	温泉場	宝塚	百貨店	合計			
1910	372 (71.5%)	95 (18.3%)	14 (2.7%)	5 (1.0%)				520	322	198	6.0%
1915	456 (65.0%)	84 (12.0%)	116 (16.5%)	9 (1.3%)	17 (2.4%)			702	471	230	6.0%
1920	2,684 (67.7%)	491 (12.4%)	428 (10.8%)			200 (5.0%)		3,967	2,278	1,689	10.0%
1925	5,565 (53.2%)	620 (5.9%)	2,059 (19.7%)			1,215 (11.6%)		10,459	6,352	4,107	12.0%
1930	6,746 (46.6%)	363 (2.5%)	2,609 (18.0%)			1,464 (10.1%)	2,259 (15.6%)	14,462	10,184	4,284	12.0%
1935	7,357 (36.2%)	680 (3.3%)	3,856 (19.0%)			1,858 (9.1%)	5,752 (28.3%)	20,318	14,942	5,376	12.0%

出典：阪神急行電鉄『営業報告書』各期。
注：1）千円未満は四捨五入。2）営業収入の合計には、利息や雑収入も含む。
3）営業収入の各費目欄の（　）内数字は構成比である。

心が、阪急の今日をなし得たものと信じてゐる。若しあの時、阪神電車が正しい道を踏んで、其逆境に沈倫してゐた箕面電車を助ける意味から、灘循環電車を引き受けて居つたならば、今日はどうなつて居るだらう。私達は箕面宝塚の山容水態に対して、詩人らしいセンチメンタルの感情的生活に、田舎電車の遊覧設備、それも、みすぼらしい旅役者のやうな芸当を演じて居ったかも知れない」（小林一三「此の会社の前途はどうなるか？」、『阪神急行電鉄二十五年史』一九三二年）と回顧しています。

阪急コンツェルンの形成

小林一三は、以上のように電鉄業の経営に沿線での住宅地分譲や温泉・娯楽施設の経営、さらにはターミナルデパートの経営を組み合わせるという、きわめて独創的な経営を展開しました。こうした小林のさまざまな施策はそれなりに功を奏し、**表2**にみられるように箕面有馬電気軌道

表3　阪急電鉄の関係会社（1936年ごろ）

会社名	備考
能勢電気軌道	1913年開業
浪速瓦斯	1922年設立、のち大阪瓦斯
今津発電	1922年設立、のち日本発送電
宝塚ルナパーク	1924年開業、のち宝塚ホテル
宝塚ホテル	1925年設立
宝塚植物園	1927年設立、のち阪急園芸
宝塚有馬自動車	1927年設立、のち阪急合同バス
住吉鋼索鉄道	1928年設立、のち阪急合同バス
北野雑貨製造所	1929年設立、のち阪急共栄物産
六甲山乗合自動車	1929年設立、のち解散
神戸土地興業	1929年設立、のち阪急不動産
阪神合同バス	1929年摂津遊覧自動車を買収、のち阪急バス
阪急自動車	1929年設立、のち解散
宝塚会館	1929年設立、のち宝塚ホテル
淀屋橋ビルディング	1930年設立、のち阪急不動産
六甲山登山架空索道	1930年設立、のち営業停止
東京宝塚劇場	1932年設立、のち東宝
市満食品	1934年設立、のち阪急食品工業

出典：前田和利「小林一三・消費者指向の第三次産業集団の創造」（森川英正・中村青志・前田和利・杉山和雄・石川健次郎『日本の家企業家』３、昭和編、有斐閣、1978年）。

の運輸収入は路線延長とあいまって年々増加しました。しかし、運輸収入の営業収入に占める割合は次第に低下し、兼業の比率が高まっていきます。兼業のなかでは、当初は「地所・家屋」が大きな比率を占めていましたが、一九二〇年代に入ると低下していきます。かわって比率を高めていくのは「電灯・電力」で、「宝塚」「百貨店」も健闘しますが「動物園」と「温泉場」は概して低調でした。

一九三六年ころの阪急電鉄をみると、経営組織は総務部、調査部、営業部、技術部、土地経営部、共栄部（食堂・薬房）、宝塚経営部、百貨店部からなり、**表3**のような関係会社を有していました。小林は第一次世界大戦後に成長してきた新中産層をターゲットとし、電鉄業を核に第三次産業部門を中心とした多角的事業体を形成したのです。

東京電灯本社

第四章　日本の小林一三へ

東京電灯の経営再建

小林一三は一九二七（昭和二）年七月、東京電灯株式会社の取締役に就任しました。東京電灯は資本金三億四五七二万四〇〇〇円、従業員数が一万人をこす、わが国有数の大企業でしたが、甲州財閥系の経営者による放漫経営によって経営が悪化していました。そこで、三井銀行筆頭常務取締役の池田成彬が東京電灯の経営再建のために白羽の矢を立てたのが小林一三でした。小林は東京電灯に入ると、一九二八年三月に副社長兼営業部長となり、三三年一一月には郷誠之助にかわって社長に就任しました。

小林は電鉄業との関係で、これまでにも沿線で電灯・電力供給事業を営んでいました。したがって電気事業には多少の経験があったということもできますが、経営規模のはるかに大きい東京電灯の経営再建は容易なことではありませんでした。東京電灯の経営は、昭和初期の恐慌のなかで悪化の一途を辿り、小林が社長となった一九三三年上期には無配となっていました。小林は東京電灯の経営再建策として、官僚的体質の一掃と営業第一主義を打ち出し、社内改革を断行しました。まず、本店集中主義を排除して現業機関の独立責任制度を確立しました。そして、人事の風通しをよくしてサービス向上のための人材養成に努めました。小林にとっては電気事業も電鉄業と同じく、顧客相手の日銭商売だったのです。

また過剰電力の消化のため、小売重視の需要喚起策をとりました。すなわち電気展覧会を開催したり、売店や陳列所を設置して電球やラジオなどの電気器具を販売したりしたのです。過剰電力の大口消費にも努め、一九二八年一〇月には昭和肥料株式会社（のちの昭和電工）の設立に関与し、監査役に就任しました。一九三九年三月には古河電気工業との共同出資で日本軽金属工業株式会社を創立し、社長に就任しました。

東京電灯は、一九二八年四月に松永安左エ門率いる東邦電力系の東京電力を合併しました。東京電力は京浜市場に侵入し、東京電灯と「電力戦」と呼ばれる激しい競争を展開していましたが、両社の合併により終息しました。しかし東京電灯は、その後も日本電力、大同電力などと激しい競争を展開しました。小林はこの「電力戦」の解決にも努力し、その結果、東京電灯の業績は一九三三年下期を底に改善に向かい、三四年下期には四パーセントの配当を行い、三六年上期には八パーセントの配当を実現しました。

戦前の東宝劇場

東宝劇場とアミューズメントセンター

小林一三は一九三二（昭和七）年八月に株式会社東京宝塚劇場を創立し、三四年一月に東宝劇場を完成させました。東宝劇場ができて、宝塚少女歌劇団は東京で常打ちできる場所を得ることができました。

小林は「事業としての演劇」「事業としての劇場経営」をめざす一方、サラリーマン層が集まる有楽町にアミューズメントセンターをつくろうとしました。そのため一九三四年から三七年にかけて、東宝劇場のほか日比谷劇場、有楽座、日本映画劇場（日劇）、帝国劇場（帝劇）など、映画や演劇のための劇場を建設ないし合併していきました。こうして有楽町界隈は、浅草に代わる東京のハイカラな・大娯楽街として人気をあつめるようになりました。

さらに小林一三は、一九三六年六月に東宝映画配給株式会社、三七年九月には東宝映画株式会社を設立し、邦画の配給や製作事業に進出しました。一九三四年一二月、東宝映画は東宝劇場と合併し、東宝株式会社となりました。小林は演劇と映画を一体的に経営する会社をつくり、老舗の松竹に対抗しようとしたのです。

戦中から戦後へ

東京電灯の経営再建によって、小林一三の企業家としての評価は一挙に高まりました。小林は中央の財界で高い評価を受けるようになり、いわば「阪急の小林一三」から「日本の小林一三」となったのです。一九四〇（昭和一五）年七月、小林は第二次近衛文麿内閣の商工大臣に就任しましたが統制を強める官僚組織と対立し、翌四一年四月には経済新体制の企画院原案「機密漏洩問題」にかかわって商工大臣を辞任しました。その後、小林一三は戦後の一九四五年一〇月に幣原喜重郎内閣の国務大臣、一一月には戦災復興院総裁に就任しましたが、四六年三月に公職追放となり、四月には国務大臣および復興院総裁を辞任しました。

小林は一九五一年に追放解除となりますが、同年八月に東宝の相談役、一〇月には社長に就任し、労働争議で経営の危機に瀕していた東宝の経営再建に尽力しました。経営の再建がなると、小林は一九五五年九月に社長を辞任し、長年の夢であった光と舞台転換と立体音響を駆使できる円形劇場の建設にとりかかり、一九五六年一一月に大阪の梅田、一二月には東京の新宿にコマ劇場を建設しました。

これが小林一三の最後の事業となりました。小林は一九五七年一月二五日、急性心臓

小林一三の葬儀
（宝塚音楽学校葬）
（阪急電鉄提供）

性喘息のため、池田市の自宅で八四歳の生涯を閉じたのです。葬儀は三一日に宝塚音楽学校葬として、しめやかに執り行われました。葬儀には、財界・芸能界の著名人三千数百人が参列しました。

おわりに

小林一三の生涯と事業について述べてきましたが、その特徴はどこに見出せるのでしょうか。小林一三は十数年間にも及ぶ不遇の三井銀行時代を経て、箕面有馬電気軌道の経営者として成功しますが、それは電鉄経営と住宅地の分譲を結びつけるという、新しいビジネスモデルをつくり出したからでした。

箕面有馬電気軌道はまったくの田舎電車で、とても採算がとれるとは考えられておらず、株式募集も思うように進みませんでした。そこで小林は沿線の用地を買収し、住宅地分譲を行えば、かりに電鉄経営が失敗してもある程度の利益は確保できると考えました。さらに小林は沿線で動物園、宝塚新温泉、宝塚歌劇団、百貨店など、さまざまな兼業を展開しました。こうした電鉄経営を中核とした多角経営は、「日本型私鉄経営の原型」などと呼ばれています。電鉄経営と兼業とを組み合わせるという着想は、当時としてはきわめて斬新なもので、小林の企業経営の革新性をここに見出すことができます。

第５期増築（1956年）後の
梅田阪急ビル

また小林の事業は、電鉄業、住宅地分譲、百貨店、宝塚歌劇団や東宝劇場などの興行、その他へと広がりをみせていますが、いずれも「大衆本位の日銭産業」ということができます。小林は、「日銭産業」の革新性と合理性をかたく信じていました。東京電灯の経営再建に成功したのも、電灯・電力業を日銭産業と位置づけ、料金の徴収などにさまざまな改革を実施したからです。小林はのちに自らの事業を回顧して、つぎのように述べています（小林一三「私の経営法」、同『私の行き方』阪急電鉄株式会社、一九八〇年）。

「私自身の仕事は電鉄でも百貨店でもみんな大衆本位の仕事をしてゐるが、大衆本位の事業ほど危険のない商売はない。大衆から毎日現金を貰ってする商売には貸倒れがあるぢゃなし、商売が無ければ無いやうに舵をとって行けばよい。まことに大衆本位の仕事ほど安全なものはないと私は信じてゐる。しかし大よそ安全な商売は利廻りの少いのは当然で、公債の利子が安いと同じやうに、電鉄にしても、デパートにしても、又興行にしても、さううまい遺利をねらふのは間違ってゐる」

作道洋太郎はこのような小林一三の「大衆商法」の源流を、江戸時代の越後屋が江戸をはじめとする三都で展開した「現銀・掛け値なし」の大衆志向の経営戦略に求め、それを問屋・仲買間の取引を中心とする大阪の伝統的な商法への果敢な挑戦であるとみて、そこに小林の経営の革新性があったと評価しています。また、小林の経営理念には「甲州財閥」の系譜を引く合理主義と、慶応義塾時代に養われた福沢諭吉の自主独立の精神の影響がみられ、それらが融合して「新しい関西商法ともいうべき経営哲学」を作り上げたとしています（作道洋太郎「私鉄経営の成立とその展開」、『大阪経大論集』第一一七・一一八号、一九七七年七月）。

それでは、小林はどうしてこのような「大衆本位の日銭産業」に興味を覚えたのでしょうか。慶応義塾在学中の小林は文学青年で、もともとは小説家志望でした。三井銀行に入ってからも、芝居見物や文学評論に明け暮れる生活をしていました。小林によれば、そんな風にして実業界に入ったものですから「大衆の気持、大衆の動向といふものに非常な興味があるし、又よく判」（前掲「私の経営法」）っていたのです。小林は宝塚新温泉に関して、自ら「専ら女子供の歓心を買ふ各室があった」と述べていますが（前掲『逸翁自叙伝』）、婦人化粧室、婦人休憩所など、若いころから文学青年であった小林は、家庭の婦人や子どもに着目する感性が備わっており、新中産層の家庭をターゲットとする日銭産業を展開していったように思われます。

いずれにしても小林は、日露戦争後における新中産層の台頭という新たな時代をとらえ、いわゆる電鉄業を中心に都市型第三次産業を形成していったのです。ただし、のちに述べる堤康次郎が同じく都市型第三次産業の開拓者であるとはいえ、事業の中心を土地開発においていたのとは対照的であったといえます。小林は、自らも「電鉄の経営をよくするための努力から温泉が生れ、住宅経営が生れ、宝塚少女歌劇ができ、阪急デパートが出来上がった」（小林一三「使ふ時・使はれる時」、前掲『私の行き方』所収）と述べています。小林の事業の出発点は、やはり電鉄業であったということができます。

（『堤康次郎』）

「都市型第三次産業」の開拓者

堤 康次郎

つつみやすじろう

一八八九（明治二二）年、滋賀県に生まれる。箱根土地株式会社（のちのコクド）を設立して、軽井沢、箱根の別荘地や観光地の開発、目白文化村、大泉学園都市、国立学園都市など住宅地開発に取り組む。鉄道・自動車などの交通事業、遊園地、百貨店、ホテルなどの事業も手がけるが、事業の中心は「土地」にあった。

第一章　郷里と生い立ち

一、郷里と生家

出生と生家

堤康次郎（一八八九～一九六四）は、明治、大正、昭和にわたって旺盛な企業家活動を展開し、西武グループ*の創業者として広く知られていますが、一方では一九二四（大正一三）年五月の第一五回衆議院総選挙での初当選以来、一三回連続当選を果たし、一九六四（昭和三九）年に他界するまで議員でありつづけ、戦後の一九五三年五月から五四年一二月まで衆議院議長を務めたほどの大物政治家でもありました。また国会議員になることは学生時代からの夢でもありましたが、ここでは堤の政治家としての活動には原則として触れず、堤の企業家としての活動をとりあげることにします。

堤康次郎は、一八八九（明治二二）年三月七日、滋賀県愛知《えち》郡八木荘村で父猶治郎、母みをの長男として生まれました。この年の二月一一日には大日本帝国憲法が発布されて

西武グループ
堤康次郎の事業は、土地開発、観光・レジャー、ホテル、鉄道、百貨店・流通業などに及び、堤はしばしば「都市型第三次産業」の開拓者などとよばれている。この堤康次郎の事業総体をさして「西武グループ」という。百貨店・流通業は二男の清二が引き継ぎ「西武流通グループ」（のちの「セゾングループ」）、土地開発、ホテル、鉄道などの諸事業は三男の義明が引き継ぎ「西武鉄道グループ」となった。

おり、日本が近代国家としての体裁を整えようとしているときでした。生家は農業のかたわら麻仲買商を営み、土地所有高は数反歩で、滋賀県では平均以下の自作農でした。

八木荘村は、愛知川町をはさんで琵琶湖に接する湖東の人口二〇〇〇人ほどの農村でした。琵琶湖東岸の近江地方は近江商人*を輩出した地域として知られていますが、近江商人を多く輩出しているのは神崎、蒲生、日野のあたりで、愛知郡は近江商人の輩出地としては限界的な地域であったということができます。

滋賀県が編纂した『滋賀県史』(第三巻、中世・近世編、一九二八年)によれば、愛知郡および犬上郡では彦根や高宮から前川太兵衛、弘世助三郎、薩摩治兵衛、伊藤忠兵衛らの著名な近江商人が輩出していますが、いずれも幕末以後のことで、数からいってもそう多くはないとのことです。また愛知郡の在来産業としては、「近江麻」として知られる近江織物がありました。堤家はこの近江麻の仲買に従事していたのですが、明治初年になってからは新たな競争条件のもとで粗製濫造が行われ、声価を落として衰退に向かっていました。

堤康次郎の生家(『堤康次郎』)

近江商人
江戸時代に江戸、大坂、京都をはじめ各地に店舗を構えて活躍した近江国出身の商人の呼称で、江州商人、江商などともいわれる。明治期以降、近代的な企業家に転身するものも多く、現在でも俗に滋賀県出身の企業家を近江商人とよぶことがある。

農業に従事

堤康次郎は、一八九三(明治二六)年九月、四歳のときに父の猶次郎を亡くしました。

そのころ流行していた腸チフスにかかったのです。父の死にともない、母のみをは実家に帰り、堤は祖父母に育てられることになりました。祖父の清左衛門は勤労・不屈の精神と創意工夫によって麻織物業を再興し、いったん傾きかけた堤家の家産を建て直しました。堤康次郎は堤家の家産を立て直した祖父の苦労話を聞きながら、少年期をすごしました。

小学校時代の堤は学業成績が優秀で、彦根中学への進学も無試験で許可になるほどでした。しかし彦根中学に通うためには下宿をしなければならず、すでに七〇歳近くに達していた祖父の清左衛門の強い反対で断念せざるをえませんでした。堤は一九〇二年三月に八木荘村の尋常高等小学校の高等科を卒業すると、祖父の清左衛門とともに農業に従事するようになりました。

堤は野良仕事に精を出し、それなりに充実した毎日をすごしていましたが、しだいに八木荘村では燐酸肥料がまったく使用されていないことに気がつきました。一九〇三年四月に大阪で開催されていた内国勧業博覧会*に出かけてみると、「人造肥料」のコーナーで過燐酸石灰が出品されていました。明治中期には東京人造肥料*（のちの大日本人

小学校時代の康次郎（前列中央）（『堤康次郎』）

内国勧業博覧会　殖産興業政策の一環として共進会や農談会とともに、産業技術の交流と発展を目的に中央政府が開催した商品展示会。第一回から第三回までは東京の上野公園、第四回が京都の岡崎公園で開催された。第五回が一九〇三（明治三六）年四月に大阪の天王寺で開催され、四三五万人が参加したとされている。

東京人造肥料株式会社　過燐酸石灰など化学肥料の製造会社。高峰譲吉が英国留学中に見学した化学肥料製造工場を紹介すると、渋沢栄一、益田孝らの実業家が発起人となって一八八七（明治二〇）年四月に東京人造肥料会社を設立した。同社は一八九三年一二月に大阪硫曹（一八九二年設

造肥料）や多木肥料*などが設立され、肥料を中心とした日本の化学工業の生成期を迎え、大阪では一八九二年九月に大阪硫曹が設立されていました。康次郎は大阪硫曹の社長阿部市三郎を訪ね、過燐酸石灰を大量に購入して自宅に「硫曹肥料一手販売　堤清左衛門」という看板を掲げ、近隣の村々への普及をはかりました。過燐酸肥料を使って、裏作にれんげを栽培する二毛作を導入したところ、すさまじい成果をあげることができました。さらに堤は一九〇四年に耕地整理に着手するなど、八木荘村で農業にいそしみながら充実した日々をすごしていたのです。

郡役所へ出仕

堤康次郎が耕地整理に取り組んでいた一九〇四〜〇五（明治三七〜三八）年は、ちょうど日露戦争の時期でした。日露戦争は日本の勝利に終わり、戦後には企業勃興がおこり、経済界は著しい活況を呈するようになりました。

こうしたなかで一時は農業に専心することを決意したのですが、立身出世の夢を捨てきれず、一九〇六年の春に中等教育を身につけるため、堤は京都に出て海軍予備校に入学しました。速成教育によって一年足らずで同校を修了すると、愛知郡役所に雇員として勤務することになりました。しかしこの年の四月四日、ふとした病気で祖父の清左衛

立）を合併して東京人造肥料株式会社となり、さらに一九一〇年七月に大日本人造肥料株式会社と改称した。

多木肥料　一八八五（明治一八）年に兵庫県加古川の多木久米次郎によって設立された過燐酸石灰など化学肥料の製造会社。多木の郷里では綿や稲の栽培に魚肥を使用していたが、価格の高騰が激しかった。そこで多木は早くも一八八三年、二五歳のときに燐酸肥料の開発をこころざし、牛馬骨などを用いて燐酸肥料の開発に取り組み、多木肥料会社を設立した。同社はその後一九一八（大正七）年一二月に株式会社組織に改められた。

門が死去してしまいました。堤康次郎は、後年「祖父が私に注いでくれた愛情は言語に尽し難い。私は祖父の愛の羽根に守られながら自由に逞《たくま》しく育ってきた。祖父は厳格な人であったが、その厳格さは決して短気なものではなかった。すべて私自身の自覚によって反省すればよいというやり方であった」（堤康次郎『叱る』有紀書房、一九六四年）と述べています。祖父の清左衛門は堤にとって、何ものにもかえがたい存在であったのです。

祖父の死は、堤康次郎の生涯にとって大きな転機となりました。祖母のきりも一九〇三年に他界していたので、堤には郷里の八木荘村にとどまる理由がなくなったのです。そこで堤は一九〇七年末に郡役所を辞めて堤家の資産を処分し、一九〇九年三月に上京しました。とはいえ一九〇八年三月に西沢ことと結婚していたので、新妻と長男の清、それに妹のふさを残しての上京でした。

二、早稲田大学へ

早稲田大学に入学

堤康次郎は上京すると、早稲田大学の高等予科第一（大学部政治経済学科に進学する

雄弁会
一九〇二（明治三五）年一二月に大隈重信を総裁、高田早苗を顧問、安部磯雄を会長として早稲田大学に設立された弁論部。のち、永井柳太郎がリーダー格となる。政治家やジャーナリストを志望する者のための格好の修練の場となり、諸大学の弁論部のなかでもひときわ精彩を放っていた。

天野為之
（一八六〇～一九三八）経済学者。大隈重信を助けて立憲改進党を結成。東京専門学校の開設に尽力し、一九一七（大正六）年まで教授や学長を務めた。一八九七（明治三〇）年から一九〇七年まで『東洋経済新報』の主幹となり、自由主義的な経済学の導入・普及に貢献した。

もの の予備科）に入学しました。一九〇九（明治四二）年四月のことでした。早稲田大学の近くの下落合に下宿し、大学へは徒歩で通いました。学業のかたわら雄弁会*と柔道部に所属し、二一歳から二五歳までの多感な青春時代を早稲田ですごしました。そして、時代は明治から大正へとかわっていきました。

堤康次郎が入学したころの早稲田大学政治経済学部では、高田早苗、安部磯雄、田中穂積、天野為之*、浮田和民、塩沢昌定らの大家に加えて、大山郁夫や永井柳太郎らの新進気鋭の研究者が教壇に立っており、大変充実していました。堤は、ここでイギリスの自由主義的で功利主義的な資本主義の思想を学びました。

早稲田時代の堤康次郎は、あまり講義には出席していなかったようです。自宅での精力的な学習を重んじていたからですが、のちに述べるようにさまざまな事業活動に熱中していたからでもありました。しかしもともと政治家をめざしていた堤は、本科に進むと永井柳太郎に師事し、熱心に勉学に励みました。永井は植民政策や社会政策を専攻する新進気鋭の学者で、堤は永井のロシアは敵視すべきではなく友好関係を育むことが必要であるという考えに共鳴し、その指導のもとで日本とロシアの比較研究を行いました。

また一九一三（大正二）年に桂太郎が立憲同志会を結成すると堤は積極的に参加し、桂や後藤新平*、さらには藤田謙一*のような、当時の代表的な政財界人に知られるようになりました。堤は一九一四年七月に早稲田大学を卒業しますが、卒業後も公民同盟で活

後藤新平
（一八五七〜一九二九）明治・大正期に活躍した官僚・政治家。陸中国胆沢郡塩竈村（現在の岩手県奥州市）に生まれ、福島県の須賀川医学校を卒業した。のち愛知県庁を経て一八八三（明治一六）年に内務省衛生局に入る。ドイツに二年ほど留学し、帰国後の一八九二年に衛生局長となって公衆衛生行政の基礎を築いた。その後一八九八年には台湾民政局長、一九〇六年には南満洲鉄道初代総裁となり植民地行政に敏腕をふるった。そして一九〇八年には第二次桂内閣の通信大臣兼鉄道院総裁、一二年には第三次桂内閣でさらに拓殖局総裁を兼ねた。一九一六（大正五）年の寺内正毅内閣では内務大臣、鉄道院総裁を務め、のちには

外務大臣となってシベリア出兵を推進した。そのほか一九二〇年に東京市長に就任し、一九二三年の関東大震災後には山本権兵衛内閣の内務大臣兼帝都復興院総裁となって活躍した。

藤田謙一

（一八七三〜一九四六）実業家。青森県弘前市で津軽藩士であった明石永吉の二男として生まれ、五歳のときに藤田正三郎の養子となり藤田姓を名のるようになった。明治法律学校（現・明治大学）卒業後大蔵省に入省するが、一九〇一（明治三四）年に同省を辞し天狗煙草で知られる岩谷商会の支配人となり、以後東洋製塩、日活など多くの会社の代表や取締役を歴任し、一九二六（大正一五）年には東京商業会

動するなど政治活動を続け、一九一六年には大隈重信が主催する雑誌『新日本』*の編集責任者兼社長となりました。

早稲田時代の事業活動

早稲田時代の堤康次郎は勉学の一方で、はやくも事業活動に関心を示していました。商品取引や株式取引に熱中し、一九一〇（明治四三）年には後藤毛織の株式の値上がりで多くの利益を得ました。そして、この金を元手に一九一一年三月に日本橋蠣殻町の郵便局長となり、さらに翌一二年の春には渋谷で鉄工場の経営にも手を出しました。

堤が早稲田大学の本科に進んだころの日本経済は、第一次大戦期のブームで空前の好景気に沸き立っていました。ブームは堤が早稲田大学を卒業したのちも続き、堤は一九一六年七月、藤田謙一の斡旋で千代田護謨（資本金三〇万円、従業員五〇〇人）の専務取締役となりました。その後同社の内紛に巻き込まれて専務を辞任しますが、一九一七年六月には藤田謙一とともに東京護謨株式会社を設立しました。

東京護謨は医療用・工業用のゴム製品の製造・販売を目的とした資本金一五〇万円の会社で、当初は亀戸にありましたが、のちに堤の自宅に近い下落合に工場と事務所を移しました。堤はさらに海運業や人造真珠の事業、あるいは長野県の鉱山採掘事業などを

手がけました。このように、堤の事業意欲はきわめて旺盛でしたが、第一次世界大戦後にブームが去るといずれの事業も経営困難となり、失敗に帰しました。

議所第三代会頭に就任した。

『新日本』
一九一一（明治四四）年四月に創刊された雑誌。主宰者は大隈重信で、永井柳太郎と樋口秀雄（龍峡）が編集主任となり、冨山房から発行された。

第二章　箱根土地会社の設立

一、軽井沢の開発

明治末期・大正期の軽井沢

　堤康次郎の本格的な事業活動は、軽井沢の開発から始まりました。堤は生涯にわたって大規模な土地開発事業にかかわっていきますが、軽井沢の開発はその第一歩であったといえます。

　明治初期の軽井沢は戸数一〇〇戸余の、中山道浅間三宿*の一つにすぎませんでしたが、一八八六（明治一九）年にアレキサンダー・クロウト・ショーとジェームズ・メイン・ディクソン*という二人の外国人によって避暑地として発見され、以来明治末期までに旧軽井沢の周辺にホテルや別荘が建てられました。しかし沓掛から追分方面の中軽井沢の開発は、それほど進んではいませんでした。

　軽井沢に鉄道が来たのは一八九三年でした。この年の四月、横川―軽井沢間の鉄道が

浅間三宿
中山道の宿場で、軽井沢宿、沓掛宿、追分宿を浅間三宿とよんだ。とくに追分は中山道と北国街道の分岐点としてにぎわっていた。

アレキサンダー・クロウト・ショー
Alexander Croft Shaw
ジェームズ・メイン・ディクソン
James Main Dixon
ショーは、カナダのトロント市生まれのイギリス国教会（聖公会）宣教師。ディクソンはスコットランドの英文学者で、東京帝国大学文科講師。二人は一八八五（明治一八）年の夏に軽井沢を訪れ、冷涼な気候と景観に魅せられてひと夏をすごした。一八八六年、八七年にも家族をともなって再訪し、八八年にショーは旧軽井

アプト式線路を使って開通し、信越線高崎―直江津間が全通したのです。信越線の開通は、軽井沢の発展の大きな契機となりました。そして、一九〇九年からは夏期の三ヵ月間、追分に臨時停車場が開設されるようになり、一〇年には沓掛駅（現在のしなの鉄道中軽井沢駅）が新設されました。

こうして、中軽井沢一帯の交通の利便性が高まり、大正期には野沢源次郎*や星野嘉助（二代、星野温泉*の開設者）、それに堤康次郎らによって中軽井沢の開発が進められましたが、なかでも堤による千ヶ滝から南軽井沢に及ぶ開発は、その規模において群を抜いていました。こうして軽井沢は、旧軽井沢から西側の沓掛方面、あるいは南軽井沢方面へと地域的拡大を遂げつつ「開発の時代」を迎えたのです。

沓掛遊園地会社の設立と中軽井沢の開発

堤康次郎がはじめて軽井沢を訪れ、沓掛に足を踏み入れたのは一九一七（大正六）年の春のことでした。そして、その年の一〇月に沓掛区（東長倉村長土屋三郎）との間で区有地売買の予約をなし、一二月には藤田謙一を社長に据えて資本金二〇万円（五万円払い込み）の沓掛遊園地株式会社を設立し、区有地六〇万坪（実測は約八〇万坪）を三万円で買収しました。沓掛遊園地会社の社長には藤田謙一が就任しましたが、堤が実質

沢の大塚山に別荘を建て、ディクソンは佐藤万平の敷地内に旅籠を移築して別荘とした。

野沢源次郎

（一八六四〜?）

一八八二（明治一五）年に慶応義塾卒業後、貿易商野沢組を起こし、旧軽井沢地域で広大な土地や別荘の分譲を「あめりか屋」とタイアップして行った。日本の各界を代表する人びとの大型注文別荘をつくり、避暑地軽井沢の開発に大きな足跡を残した。

星野温泉

赤岩鉱泉とよばれ草津温泉の湯治客の仕上げ湯の一つであったが、一九一三（大正二）年に製糸業を営んでいた星野嘉助が源泉ボーリングを行って高温源泉を開発したので、

開発者にちなんで星野温泉と改名された。一九一四年には、開発された源泉を利用して星野温泉ホテルが開業した。避暑地軽井沢という立地上の特性から、北原白秋、与謝野鉄幹・晶子、島崎藤村、寺田寅彦、若山牧水ら、数多くの文人が逗留した。なお、星野温泉は二〇〇三（平成一五）年八月に閉館されたのち、二〇〇五年七月に「星のや軽井沢」としてリニューアルオープンした。

的な経営を担っていたことはいうまでもありません。堤はこのころ東京の落合に二万坪ほどの土地を所有し、猪苗代水電などの株式を三五〇株以上所有していましたので、これを元手に沓掛の区有地を買収したものと思われます。堤はこのとき弱冠二七歳の青年でしたが、大隈重信を保証人に立てるなど、さまざまな方法で地主や村民を信用させ、土地買収を円滑に進めていきました。

沓掛の区有地を買収すると、堤はさっそく開発工事に着手し、道路、水道、電灯、電話などの敷設にとりかかりました。工事は一〇ヵ月ほどでほぼ終了し、一九一九年には別荘地の分譲を開始しました。販売価格は坪九円でした。

また、堤は土地付別荘も売りに出しましたが、それは「簡易別荘」とよばれ、旧軽井沢の別荘のように上流階級のものではなく、このころ成長してきた「新中産層」（会社員、公務員、銀行員、教師などの俸給生活者）向けの別荘でありました。販売価格は、土地一〇〇坪・建坪七坪のAタイプが五〇〇円、土地一〇〇坪・建坪一一坪のBタイプが八〇〇円でした。発売当初の売れ行きは芳《かんば》しくなく、貸別荘などにしたものも多くありましたが、堤はこの地を「千ヶ滝遊園地」と名づけ、さらに開発を進めていきました。

一九三五年のものと思われる箱根土地会社のパンフレット「軽井沢 千ヶ滝のプロフキル」には軽井沢千ヶ滝の簡易別荘がつぎのように紹介されています。

◇国際都市軽井沢——と云つただけで直ちに軽井沢の豪華なサマー・ライフを想像

されますが、試みに軽井沢行きの季節列車「高原」「涼風」にお乗りになれば別荘へゆく多数の楽しそうな人々の顔を見いだすでせう。けれども軽井沢の天恵は、決して一部少数の人々にのみによつて独占さるべきものではありません。真に都会に奮闘努力する、多数の中産階級の人々こそこの天恵を享くる最も有資格者であり、必要者であらねばならぬと信じます。
◇この意味に於て多数の都会人士が軽井沢生活を享楽さるゝよう本社は採算を度外視して今回土地百坪に上図の如き新築別荘を電灯、水道つき五百円で奉仕的に売出すことゝ致しました。
殊にこの別荘の特色として推賞さるゝのは左の点です。
一、お留守中は会社事務所で管理し、家具類も会社倉庫に保管しますから安全で維持費もかゝりません。
一、この別荘が不要になつた時は御希望により会社は他へ賃貸又は御売渡しの仲介を致します。即ちこの別荘は速かに資金化されます。
一、会社の経営地は約二百坪で過去二十年間約三百万円の施設をして来ましたが、今後益々私設の改善をなし、別荘戸数も激増しますから地価は次第に騰貴します。
即ち別荘を実用に供しつゝ相当割よき利廻りとなるわけです。
◇御家族の休養と御健康のためすぐ住めるこの五百円別荘をお奨め致します。

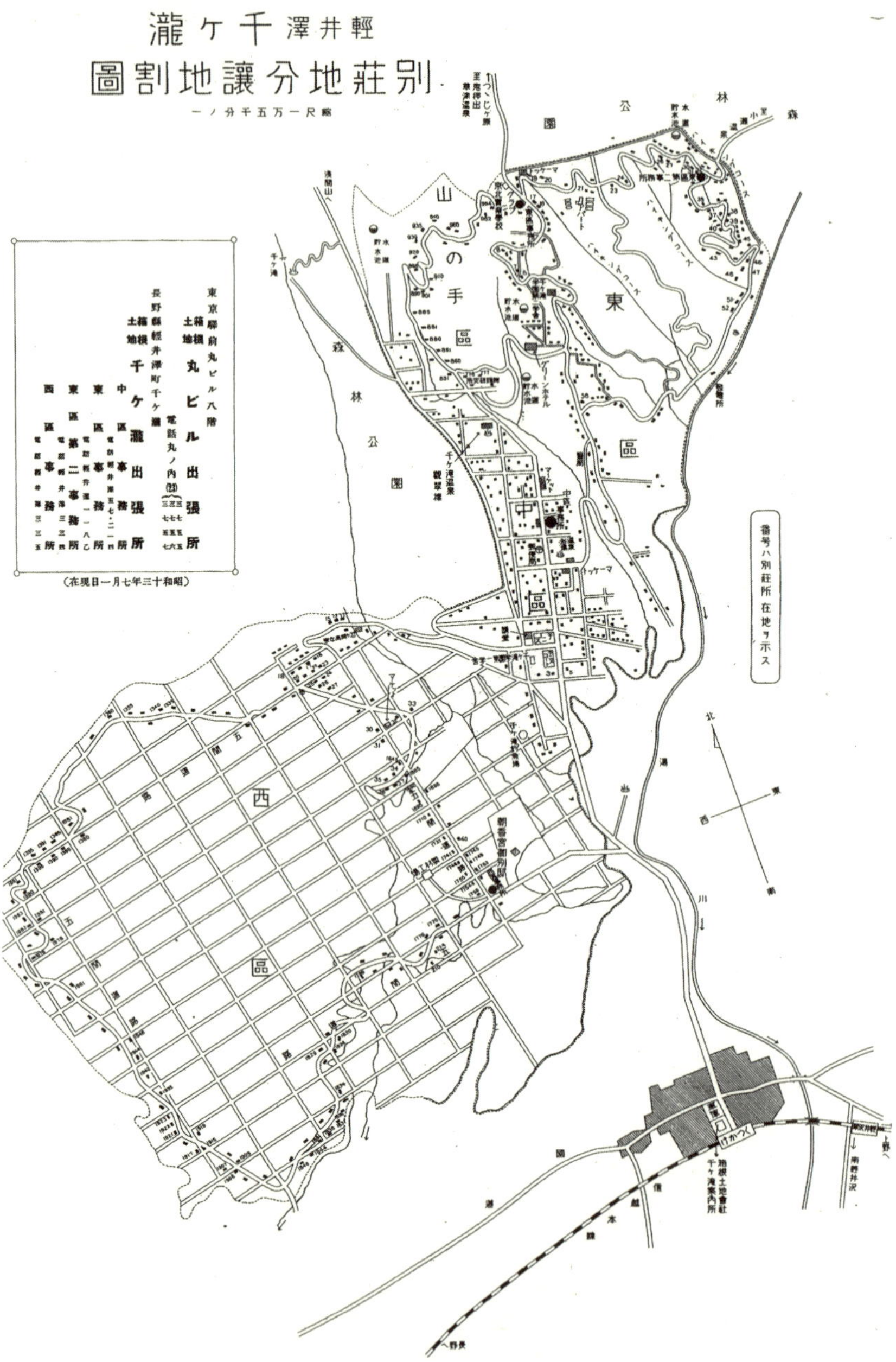

軽井沢千ヶ滝別荘地分譲地割図
(箱根土地会社のパンフレットより)

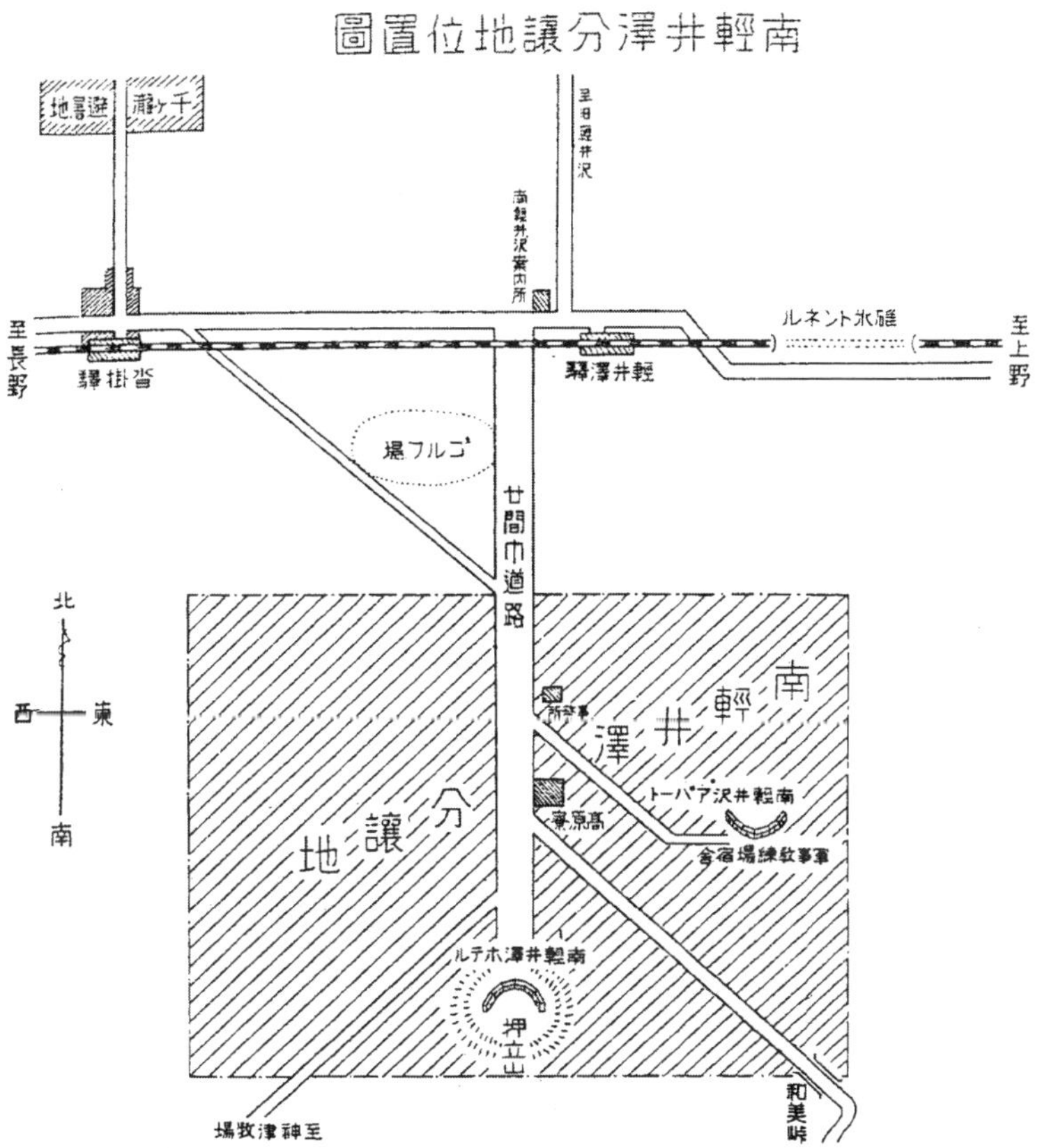

南軽井沢分譲地位置図
（箱根土地会社のパンフレットより）

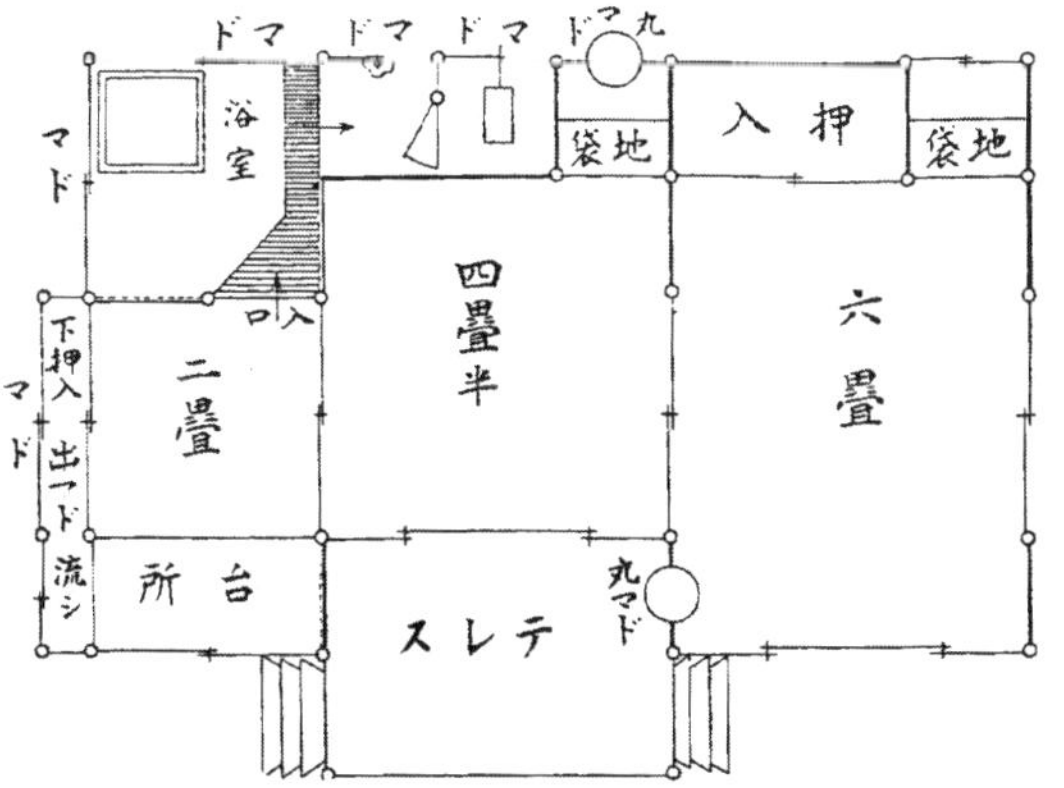

「500円別荘」の間取り
（箱根土地会社のパンフレットより）

500円別荘
（箱根土地会社のパンフレット）

この五〇〇円別荘の間取りは75頁の**図**のようなもので、本来は価格が八〇〇円のBタイプであったものをAタイプの価格五〇〇円で売りに出したものでした。この価格設定が「採算を度外視して」「奉仕的に売出す」という所以であるかと思われますが、軽井沢の「天恵」を「多数の中産階級の人々」に享受してもらいたいという堤の理念が反映しているともいうことができます。また、賃貸や売渡で別荘の資金化が可能であること、相当の価格騰貴が見込めるので投資対象としても有効であるとも指摘されていました。

北軽井沢・南軽井沢の開発

一方、堤康次郎は北軽井沢や南軽井沢の開発も進めました。北軽井沢では、千ヶ滝から万座温泉に向かう途中の、奇岩石で知られる「鬼押出し」と「六里ヶ原」に及ぶ八〇万坪の土地を、天然記念物の保護を名目に、坪五銭以下で購入しました。この土地の購入を勧めたのは、のちの外務大臣加藤高明でした。鬼押出しは天明年間の浅間山大爆発にさいして流れ出した溶岩によって作られた、五九〇町歩にも及ぶ奇勝として知られていました。

南軽井沢では、一九一九（大正八）年一一月に西長倉村発地の区有地一二六万四〇〇〇坪を、坪五銭、総額六万三二〇〇円で購入しました。南軽井沢の開発は一九二三年に着手され、南軽井沢競馬場（のちの南軽井沢ゴルフ場）や二〇間道路（現在のプリンス通り）の建設が企てられました。また、一九二五年には南軽井沢飛行場の建設を開始しました。ただし、南軽井沢で別荘地の造成が始まるのは昭和になってからのことでした。

二、箱根開発への着目

箱根土地会社の設立と箱根開発

堤康次郎は、国際的な観光地・箱根の開発にも注目していました。一九一八（大正七）年の冬、堤は熱海に出かけましたが、そのとき旅館の窓越しに箱根が見え、十国峠に雪が積もっていました。翌朝雪一色の箱根にのぼり、鞍掛峠から芦ノ湖と富士山を見渡しました。堤は「絶景」という以外に言葉がみつからず、「箱根の開発こそ、天から与へられた使命」であるとして、軽井沢とともに開発を決意するのでした（前掲『叱る』）。

一九一九年四月、堤康次郎は永井柳太郎とともに再び箱根を訪れ、村会議員の大場金太郎に面会し、協力を依頼しました。箱根の発展を願っていた大場は、堤の壮大な計画に賛同し、その後堤の右腕として箱根開発に尽力しました。

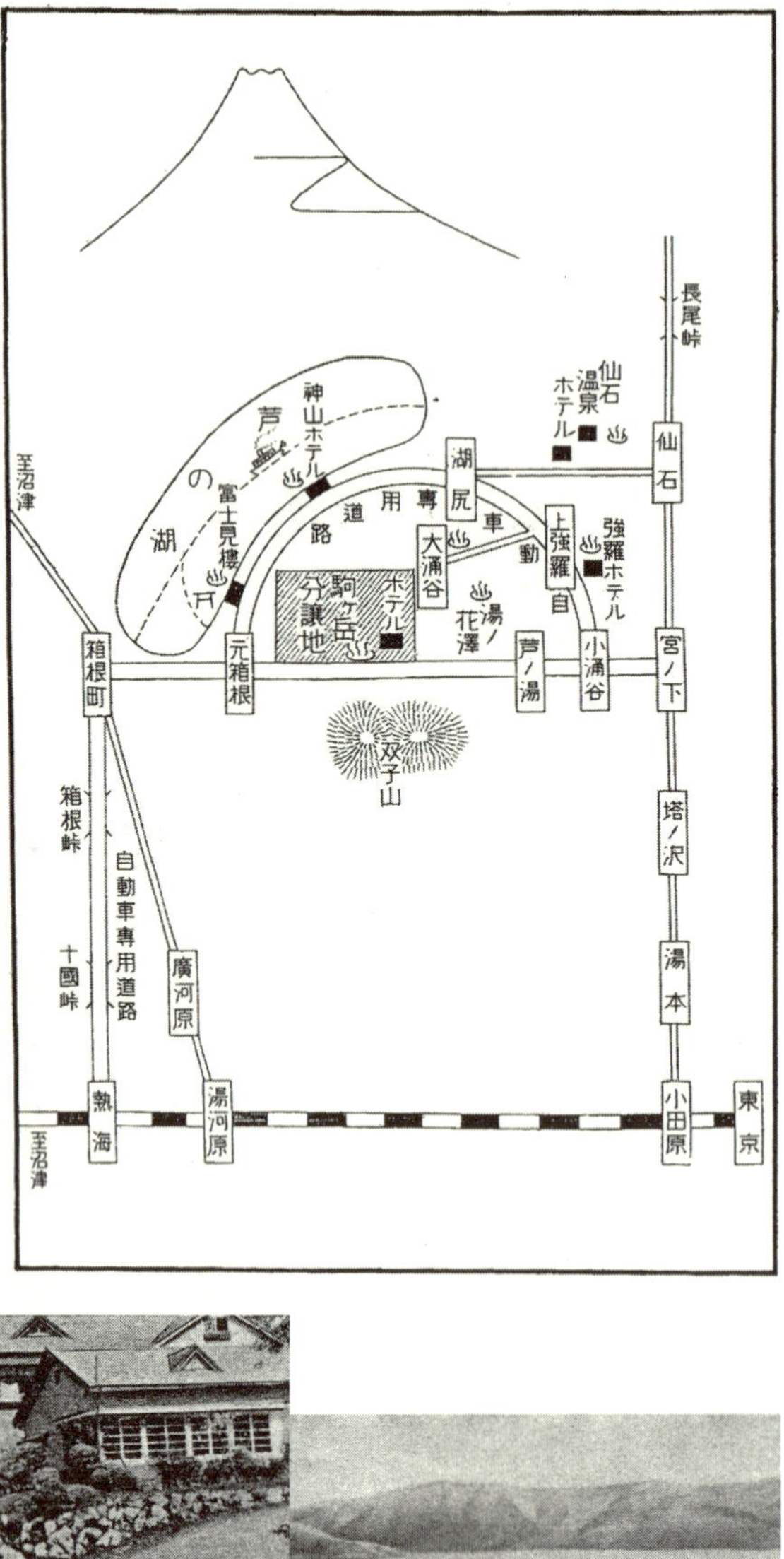

湯ノ花温泉駒ヶ岳
分譲地案内図
（箱根土地会社のパンフレット）

（上）箱根土地会社駒ヶ岳分譲地案内所
（右）朝の芦の湖畔
（箱根土地会社のパンフレット）

一九一九年、堤は強羅で一〇万坪の土地を買収し、そこから仙石原に七〇万坪、芦ノ湖畔の箱根町に一〇〇万坪、さらには元箱根・湯ノ花沢というふうに土地買収を進めていきました。箱根開発に本格的に乗り出した堤は、一九二〇年三月、箱根土地株式会社を設立しました。資本金は二〇〇〇万円（五〇〇万円払い込み）で、社長には藤田謙一が就任し、堤は専務取締役にとどまりました。しかしこれまでと同様、実質的な経営権は堤にありました。なお堤が箱根開発を意図したのは、諸外国の観光客を吸引して国際収支の不均衡を多少なりとも緩和したいと考えていたからでもありました。

そのほか、取締役には若尾璋八、前川太兵衛、吉村鉄之助、監査役には九鬼紋七、永井外吉が就任しました。いずれも名だたる当代一流の実業家でしたが、若尾は甲州、九鬼は志摩出身の実業家として知られ、前川は堤と同じ近江出身の実業家でした。箱根土地会社は、別荘地や住宅地の開発を目的に設立されたのですが、やがて堤の広範な事業活動の拠点となっていきました。

箱根土地会社は、一九二〇年四月には軽井沢の東長倉村所在土地約六二万坪、西長倉村所在土地七九万坪、嬬恋村所在土地二三二万坪、合計約三七三万坪の土地を買収し、軽井沢の土地経営も行うようになり、沓掛遊園地会社も合併しました。そして一九二一年五月には、箱根方面に約二六九万坪、軽井沢方面に約三七一万坪、合計六四〇万坪余の土地を所有するようになりました。

小田原電気鉄道
一八八八年に設立され、小田原と箱根を結んだ小田原馬車鉄道を前身とし、一八九六年の電化にともなって小田原電気鉄道と改称した。その後、一九二八（昭和三）年に日本電力と合併し箱根登山鉄道となった。

箱根開発の進展と箱根土地会社の経営

強羅にはすでに小田原電気鉄道*による登山電車が開通しており、同社が土地経営にも着手していました。小田原電鉄の経営地は坪一〇〇円ほどで売却されていましたので、その背後にある箱根土地会社の経営地は坪三五、六円で売れるのではないかといわれていましたが、堤康次郎は坪五〇円以上で売ることにしました。この強気の姿勢が見事にあたり、箱根土地会社は予想外の大きな利益をあげました。

箱根土地会社は、一九二〇（大正九）年五月の第一期決算において一六万四〇〇〇円、同年一一月の第二期決算で四一万八〇〇〇円、二一年五月の第三期決算では五九万四〇〇〇円の利益をあげましたが、その大部分は強羅の経営地の売却によって得られたものでした。強羅経営地の別荘地ないし遊園地としての価値は、小田原電鉄による登山鉄道の竣工とケーブル鉄道の運転開始など、交通機関の整備によって堤の思惑どおり急速に高まっていたのです。小田原電鉄が開発した別荘地は上流階級向けのものでしたが、堤が開発した別荘地は、中軽井沢の「簡易別荘」と同じく新中産層向けの「簡易別荘」でした。

設立当初の箱根土地会社は、このように良好な営業成績を示し、箱根と軽井沢は一般

表1　箱根土地会社の土地売買（1924年上期）

買入地・所在地	坪　数
東京市小石川区小日向水道町	8,195.07
東京市麻布区西町	3,943.81
東京市牛込区河田町	4,212.85
東京府豊多摩郡淀橋町	5,038.09
合　計	21,389.82

売却地・所在地	坪数
東京市麻布区桜田町	51.52
東京市麻布区宮村町	50.75
東京市本郷区駒込神明町	2,393.49
東京市麻布区広尾町	336.05
東京市本郷区駒込林町	652.55
東京市麻布区宮村町	393.14
東京市赤坂区新坂町	1,164.02
東京市麹町区三番町	205.13
東京市芝区車町	315.21
東京市麻布区西町	489.68
東京市小石川区小日向水道町	3,072.67
東京市牛込区河田町	1,667.01
東京府荏原郡大崎町	1,300.00
東京府荏原郡目黒町	1,061.84
東京府豊多摩郡淀橋町	2,733.64
東京府豊多摩郡落合町	7,108.78
神奈川県足柄下郡箱根町	81.15
合　計	23,076.63

出典：箱根土地会社『第９回営業報告書』1924年上期。

にも「別荘地、又は遊覧地として将来十分発展の見込」（「箱根土地の前途」『ダイヤモンド』一九二一年五月一日）があると考えられるようになりました。箱根土地会社の経営地の買収価格は坪七〇銭ほどでしたが、「時局以来新設された土地会社中、其経営地を当社の如き安値で買収し得たものは、他に類例がない」（「箱根土地の実質」『ダイヤモンド』）ともいわれ、堤はまれにみる機敏な青年実業家として脚光を浴びるようになりました。

高田農商銀行の買収

堤康次郎は、一九二〇（大正九）年に高田農商銀行の買収を企てました。同銀行は、一九〇〇年五月に東京府北豊島郡高田村（現・豊島区内）に同村の地主や商人が発起人となって設立した地方銀行で、資本金は一五万円でした。高田農商銀行の定款によれば、同行の資本金一五万円のうち三万円は「貯蓄銀行営業ノ資金」で、普通部の資本金は一二万円にすぎず、同年に新設された普通銀行の資本金の平均一三万円を下回っていました。高田農商銀行は、北豊島郡高田村の「農村金融機関」だったのです。

第一次世界大戦期における東京市域の発展にともない、高田村周辺は純農村から近郊都市へと変貌し、それにともなって高田農商銀行も著しい発展をとげました。一九一七年以降預金および貸出が増大し、工業関連の業務にも積極的に進出するようになったからです。また一九一六年九月には東京交換所組合に加入し、一八年一月には池袋駅方面への支店の開設を決定しました。そして、一九二〇年三月には一五万円から一〇〇万円に増資しました。

堤はこの増資を契機に高田農商銀行を支配下におき、箱根土地会社の機関銀行にしようとしました。一九一九年一二月末の高田農商銀行の大株主の多くは高田村およびその周辺の居住者でしたが、増資後の二〇年六月の大株主の顔ぶれは一新してしまいました。これまでの大株主は落合村の福室郷次のみで、その他はすべてこの年の上半期に旧株・新株を取得して株主になったものばかりで、堤と近い関係にある前川太兵衛、塚本金兵衛、川島与右衛門などが顔を並べるようになったのです。

さらに一九二二年六月には堤が引き受けた株式を箱根土地会社が肩代わりし、同社は高田農商銀行の株式の四四・六パーセントを所有しました。さらに前川らの個人所有の株式も加えると、箱根土地会社の株式所有比率は七五パーセントにもなったのです。

それでは、堤康次郎はなぜ高田農商銀行の支配を企てたのでしょうか。ちょうどそのころ堤は箱根土地会社を設立し、軽井沢や箱根の開発を本格的に進めようとしていました。箱根土地会社の払込資本金は五〇〇万円ですが、開発事業には膨大な資金が必要なので、それだけでは資金不足になることは明らかでした。そこで堤は、資金調達のために高田農商銀行を「機関銀行」ないしは「系列銀行」として支配下におこうとしたのです。

目白文化村の分譲住宅
(『目白文化村』)

三 目白文化村と学園都市

東京市およびその郊外の土地分譲

第一次世界大戦期のブームが去ると、箱根土地会社の経営は一挙に悪化しました。箱根の経営地は交通機関が不備だったのですぐには売却できませんでしたし、軽井沢の経営地も売却の時期が夏期に限られていたからです。そこで堤は、箱根の経営地が別荘地として開発されるまでの「中間事業」として一九二二(大正一一)年下期から、東京市およびその郊外の土地売買を手がけるようになりました。

当時東京市内は久しく住宅難に陥っており、とくに一九二三年九月の関東大震災を契機に郊外に住宅を求めるものが増大しました。箱根土地会社の分譲地には由緒ある華族の旧所有地が多く、また当時東京には適当な土地の売買機関がありませんでしたので、同社の東京市内外の土地売買は予想外の好成績を収めました。

一九二四年上期における箱根土地会社の土地売買は**表1**のようで、買い入れ坪数約二万一〇〇〇坪、売却坪数約二万三〇〇〇坪に及びましたが、箱根の八一坪を売却したのを除けば、いずれも東京市内外の土地でした。こうして関東大震災後の箱根土地会社は、

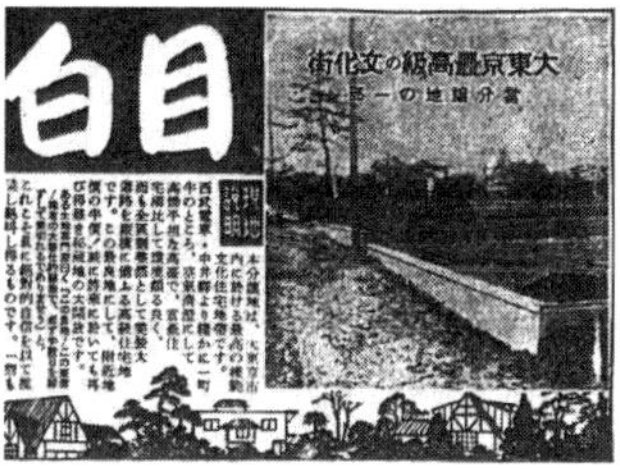

目白文化村の
分譲案内パンフレット

もっぱら東京市内外の土地経営に従事し相当の成績をあげていたのです。当時の経済雑誌は、箱根土地会社が「中間事業として東京市内に於いて、住宅地を経営する事としたのは、誠に適切な計画であった」（「箱根土地の前途」『ダイヤモンド』一九二五年四月一一日）と評価していました。

一九二四年一一月、堤康次郎は東京市内の新たな分譲は当分打ち切りにすると宣言し、それ以後は目白文化村や大泉、国分寺（小平）、国立などの学園都市の建設に全力を傾けていきました。しかし市街地の分譲は、資金回収の速さ、安定的な収入の確保という点で大きな利点があったためその後も続けられ、軽井沢や箱根、そして一連の学園都市の開発を資金的に支えました。

目白文化村の分譲

堤康次郎は、一九一四（大正三）年ごろから豊多摩郡落合村下落合（現・新宿区内）で土地の買収を進めていましたが、一九二二年六月、この下落合一帯の土地に住宅を建て、土地付建売住宅として分譲を始めました。分譲面積は九〇二二坪、区画数は五一区画でした。これは、主として縁故者向けに分譲したものですが、分譲前から評判が高く発売後三ヵ月間に六〇パーセント以上が売れ、一年以内にほぼ完売となりました。

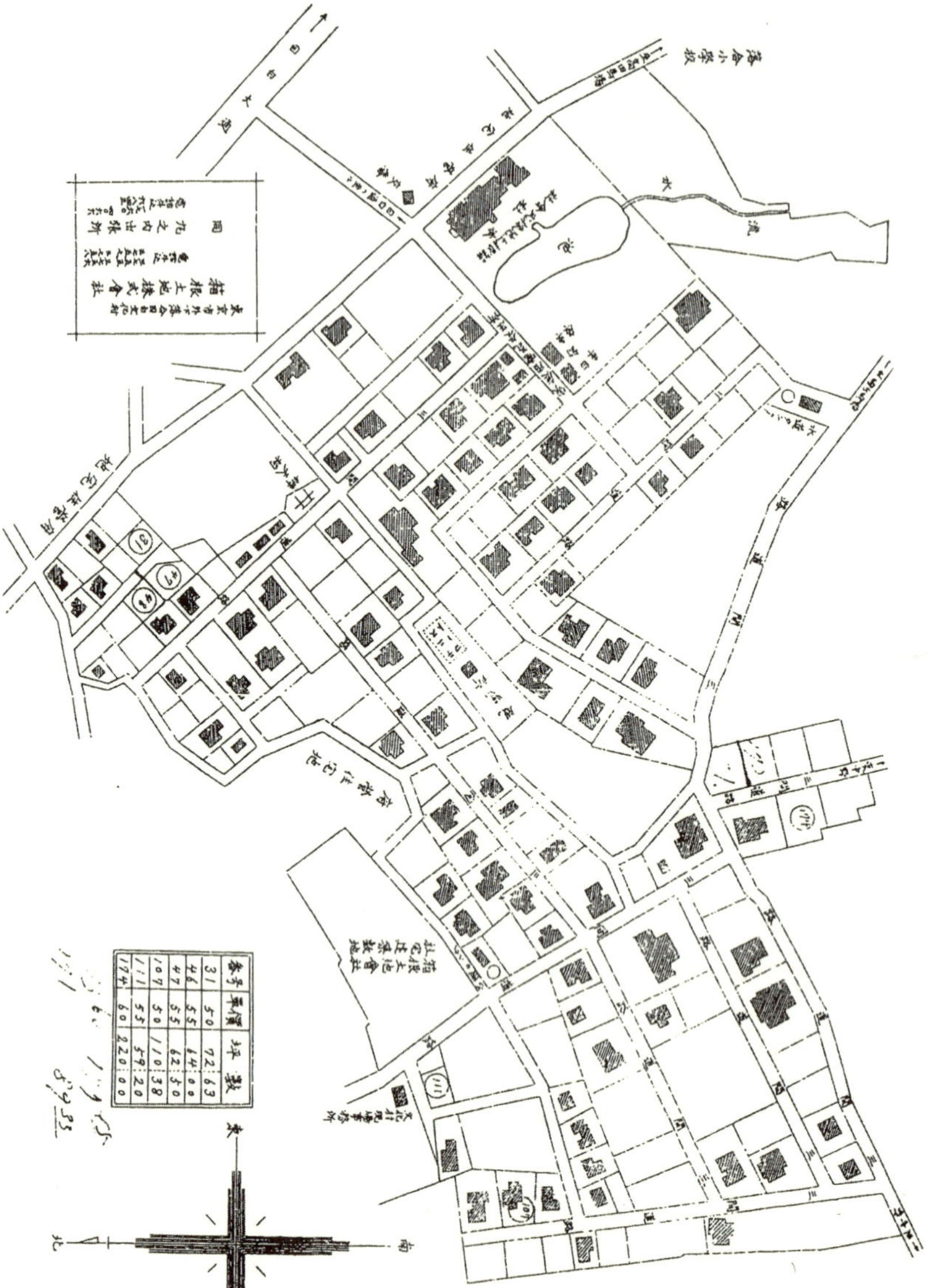

目白第二文化村分譲地地割図（第一文化村を含む）
（野田正穂・中島明子編『目白文化村』日本経済評論社、1991年）

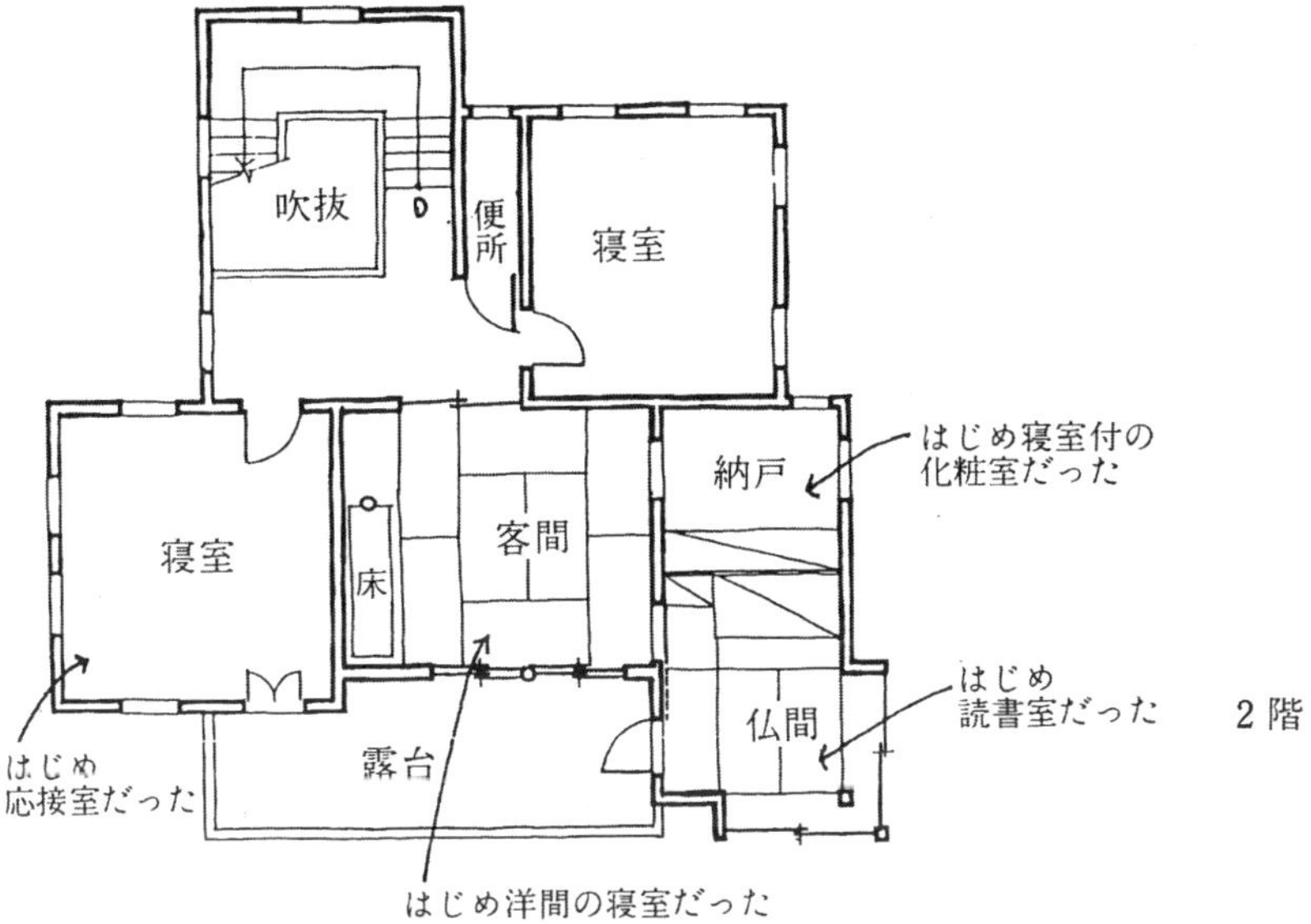

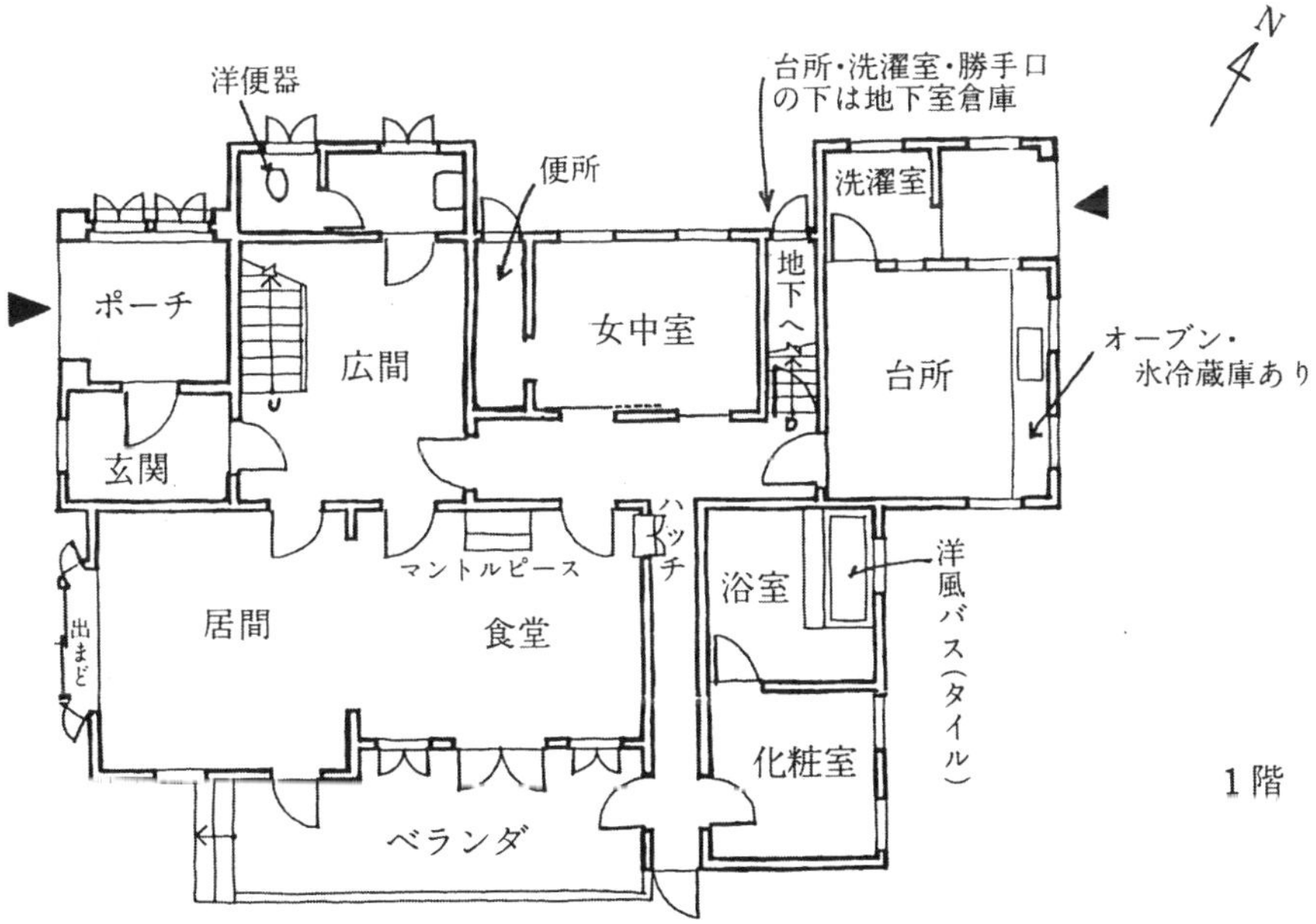

目白文化村分譲住宅の間取図
(野田正穂・中島明子編『目白文化村』日本経済評論社、1991年)

この住宅地を「文化村」と名づけたのは翌二三年五月の「第二文化村」の分譲からですが、目白文化村の分譲は二九年一〇月の第五文化村の分譲にまで及び、総分譲面積は三万三五二二坪に達しました（国土計画興業株式会社「国土計画興業株式会社経営地要覧」一九五九年一〇月三一日）。ただし、野田正穂・中島明子編『目白文化村』（日本経済評論社、一九九一年）によれば、第五文化村の存在は確認できないとされています。そして、もし第五文化村が計画されたとすれば、第四文化村と同様に売れ残った土地を再分譲したものではないかと推察しています。なお、「文化村」の由来は、一九二二年に上野で開催された平和記念博覧会での住宅展覧会が「文化村住宅展」として好評を博したことに因《ちな》んだものと思われます。第二文化村の分譲に際して、箱根土地会社は『東京朝日新聞』につぎのような分譲広告を掲載しました。

「目白文化村は昨夏本社が趣味と健康とを基調として企業致候処、直に分譲済と相成申候

今回これが隣接地約壱万五千坪を拡張し、更に道路、下水を完全にし、水道、電熱装置（台所及び暖房用）、倶楽部、テニスコート、相撲・柔道場等を新築し分譲致候

御散策旁々経営地御覧下され度、御希望の方は至急御申込相成度候

位置　山手線目白駅より府道を西へ約十二町、目白駅より文化村迄乗合自動車に

て約五分、市内電車予定線停留場より南へ二町
環境　富士を望む高台にして小学校約二町、研心学園目白中学、学習院、成蹊学園等十四、五町内外、周囲に百五十戸の府営住宅あり
価格　壱坪五拾円より六拾五円迄、五拾坪より数百坪に分譲す
目白駅前臨時出張所を設け、専用自動車にて御視察の御便宜に供し候」

第三文化村の分譲は関東大震災後の一九二四年九月に開始されました。このときの箱根土地会社の広告によりますと、アメリカの著名な建設会社フラー社*の支配人ターナーが「ロサンゼルスの縮図」とよんだ、瀟洒で美しい住宅地でした（『家庭週報』一九二五年三月二七日）。

目白文化村の建設にあたって、堤康次郎は文化村の諸施設や住宅の諸設備の充実に配慮しました。第一文化村では、住宅には電気、ガス、水道、下水などの諸設備を備え、道路は幹線を三間（約五・五メートル）幅とし、支線を二間（約三・六メートル）幅としました。また文化村のなかにクラブハウスを設け、そこに電話交換台を設置するプランを立てました。そして第二文化村の分譲以後は、住宅には電熱装置（台所・暖房用）が設備され、文化村内にはテニスコートや相撲場、柔道場などが設置されました。

堤は「神の創造した武蔵野と人の建設せる都会との折衝地帯たる目白文化村は天恵と人為の利便を兼ね備へた現代人に相応しき安住の地であります」（『東京朝日新聞』一九

フラー社
二〇世紀初頭の米国建築界に新風を吹き込んだ建築会社で、鉄骨造高層ビル建築を得意とする。一九二三（大正一二）年二月、東京駅丸の内口の駅前に竣工した「丸ビル」は、三菱合資地所部（現在の三菱地所）とフラー社によって設立されたフラー建築会社が施工したものである。

二三年一一月二一日）と自負していましたが、目白文化村は当時さまざまな形で議論されていた「田園都市*」の一つのあり方を示すものでした。しかし堤は、目白文化村の完成をみないうちに箱根土地会社の社員中島陟をドイツのゲッチンゲンに派遣し、学園都市の調査・研究にあたらせました。

大泉学園都市と小平学園都市

堤康次郎は郊外住宅地の開発にあたり、「学園都市」というこれまでにはない斬新で独創的な手法を取り入れました。学園都市のうち、最初に着手したのが「大泉学園都市」でした。

堤は神田一ツ橋の東京商科大学*（現在の一橋大学）が移転するとみて、北豊島郡大泉村から埼玉県にかけて約一〇〇万坪の土地を買収し、そこに道路と上下水道、電灯を引いて、一九二四（大正一三）年一一月から大泉学園都市の分譲を開始しました。東京商科大学は石神井に運動場を購入していましたので、石神井に近い大泉を移転先に選んだものと思われます。実際に分譲されたのは約五〇万坪でしたが、「富士を眺め水清く樹木に富む都内最高の地」（くにたち郷土文化館『学園都市開発と幻の鉄道』二〇一〇年）と宣伝し、第一回分譲の一〇万坪は三日、同じく第二回分譲の一〇万坪は一週間で完売

田園都市
井上友一、生江孝らの内務省有志が中心となって編纂された『田園都市』が一九〇七年に刊行された。これは、E・ハワード、A・R・セネットの著作をもとに、欧米の田園都市の実情を紹介したもので、当時の財界人や知識人に大きな影響を与えた。イギリスで最初の田園都市レッチワースを引き合いに出しながら、「レッチウォースに就きて、三千八百エーカー（千五百九十町歩）の地を購ひ、或は菜圃、花園、遊泳場を作り、或は学校の外更に図書館、音楽堂等をも設け、或は共同組合、倶楽部の類を組織して、茲に田園生活を中心とせる市民生活を遂げしめんとしたり」と記述している。これが田園における都会趣味的な生

活、すなわち田園都市のイメージであった。

東京商科大学

一九二〇（大正九）年四月、日本で最初に設立された官立単科大学。現在の一橋大学。森有礼が一八七五（明治八）年九月に私塾として開設した東京商法講習所を前身とする。東京商法講習所は一八七六年五月に東京府に移管され、その後一八八四年三月に農商務省に移管されたのを機に東京商業学校と改称した。一八八七年一〇月に高等商業学校に改編され、本科（修業年限三年）と予科（修業年限二年）が設置された。一九〇二年三月に官立神戸商業学校の設置にともない東京高等商業学校と改称した。その後一九二〇年四月に大学に昇格して東京商科大

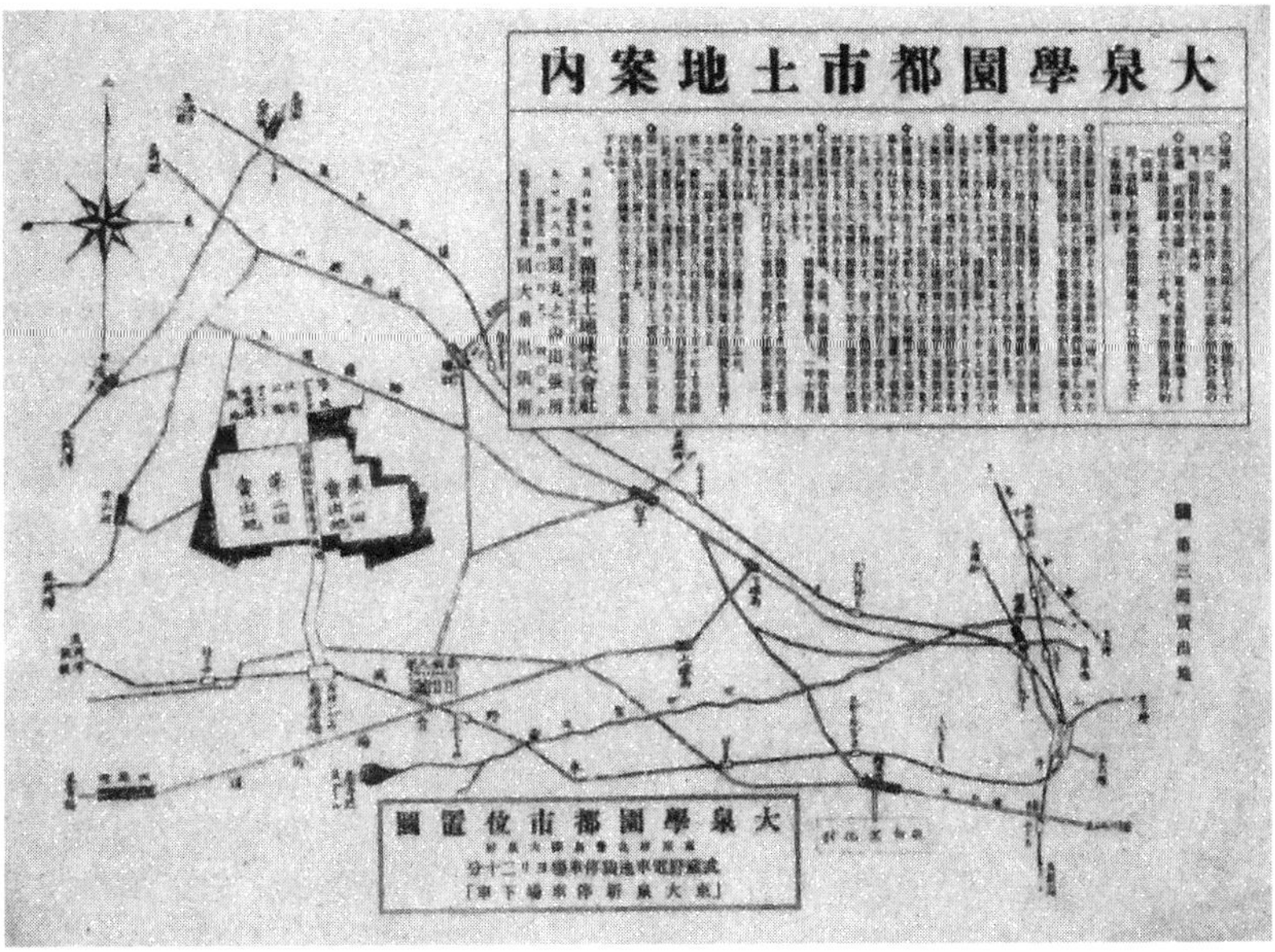

大泉学園土地案内と東大泉駅
（『学園都市開発と幻の鉄道』）

学となり、商学部のほか、予科、附属商学専門部、附属商業教員養成所が設置された。

大泉学園都市の分譲住宅
(『鉄道の開通と沿線の風景』)

になりました。第三回の分譲では、第一回、第二回の分譲地の周辺部が売り出されました。なお、土地分譲にあたっては「驚くべき土地騰貴の実例」を紹介しながら、土地を投資の対象としても宣伝していました(前掲『学園都市開発と幻の鉄道』)。

箱根土地会社は大泉学園都市の建設にあたって、武蔵野鉄道(現在の西武鉄道池袋線)に東大泉駅(現在の大泉学園駅)という新駅をつくって寄付しました。また駅から分譲地までは、七間幅の道路をつくって乗合自動車を走らせました。池袋駅から東大泉駅までは約二〇分、東京駅からは約一時間でした。大泉学園都市のなかには公園がつくられたばかりでなく、野球場、テニスコート、馬場、運動場なども整備されました。しかし、一九二五年九月に東京商科大学が北多摩郡谷保村(現在の国立市)に移転することになると、箱根土地会社の力の入れ方も弱くなり、折からの土地ブームの退潮とあいまって、大泉学園都市の発展には歯止めがかかってしまいました。しかし、大泉学園都市は箱根土地会社にとっては「本社郊外大土地経営の第一着手として本社の永く記念すべき土地」でありました(前掲『学園都市開発と幻の鉄道』)。

堤康次郎は、津田英学塾(現在の津田塾大学)が小平に移転用地を獲得し、明治大学も神田駿河台から小平に移転の予定があると聞くと、さっそく小平で土地を買収し住宅地の開発に乗り出しました。取得した土地は約七〇万坪に及び、買収価格は坪約三円でした。一九二四年八月に明治大学と契約を交わすと、堤は翌二五年一月に新聞紙上に広告を出し、「国分寺大学都市」として分譲地の販売を始めました。国分寺大学都市の分譲は明治大学の移転取りやめによって目算がはずれましたが、その後、箱根土地会社の藤田謙一や東京商科大学の学長佐野善作*の働きかけによって東京商科大学の予科が小平に移転することになると、「小平学園都市」と名称を変えて再び動き始めました。しかし土地の分譲はそれなりに進展したものの、土地付建売住宅の販売はあまり進まず、分譲地が完売されるまで実に二〇年近くもの歳月を要しました。

　ところで、堤康次郎は「元来土地の開発と交通機関とは、不可分の関係にある」（『私の履歴書（経済人）』日本経済新聞社）と考えており、都心から遠く離れた大泉や小平の学園都市の建設には、なによりも交通手段の確保に力を注ぎました。大泉学園都市の建設にあたっては武蔵野鉄道を買収し、小平学園都市の建設においても多摩湖鉄道を設立しましたが、これらについては次章で述べることにします。

国立学園都市の開発と分譲

　関東大震災後の一九二四（大正一三）年二月七日、箱根土地会社と東京商科大学は、箱根土地会社の経営地約一〇〇万坪のうち同大学が取得を希望している約七万五〇〇〇坪を神田一ツ橋の同大学の敷地約一万坪と交換し、差額を箱根土地会社が同大学に国債

佐野善作
（一八七三〜一九五二）
会計学者、経済学者。一八八五年に高等商業学校を卒業したのち、コロンビア大学、ロンドン大学に留学し、高等商業学校の助手、助教授を経て一九〇〇年に同校教授となった。一九一四年八月に東京商業学校校長となり、同校の大学昇格に尽力し、一九二〇年四月に同校が東京商科大学に昇格すると初代学長に就任した。また関東大震災を契機に大学の移転を考え、堤康次郎とはかって神奈川県北多摩郡谷保村への移転を実現した。国立市にある佐野の私邸は一九二九年に大学に寄付され、「佐野書院」として改築、外国人の宿舎に利用された。

証券で支払うという契約を結びました。まだ開発予定地は未定でしたが、国立学園都市の建設はここから始まったということができます。

堤康次郎は学長の佐野善作をはじめ、東京商科大学側と綿密な打ち合わせを繰り返し、一年以上の歳月をかけて、最終的に北多摩郡谷保村を候補地に決定しました。そして土地の買収を進め、一九二五年九月九日、箱根土地と東京商科大学は、①国分寺駅から大学まで幅五間以上の道路を通す、②一九二六年六月までに中央線上の大学敷地に接近したところに駅をつくって鉄道省に寄付をし、汽車・電車の発着の利便をはかる、③箱根土地の経営地内の道路、上下水道、電気施設を完成させるなどの条件を付して正式な契約を結びました。

国立学園都市の宣伝ビラに「積年の研究と経験とをここに傾倒して近代文化に即した理想的の大学町を建設致します」とあるように、堤は精魂をこめて国立学園都市の建設に邁進しました。そして一九二六年五月から分譲を開始しましたが、このころ堤は深刻な資金難に直面していました。関東大震災後の土地ブームが終わり、箱根土地会社の事業不振が続いていたからです。分譲も不振で、「五千の地割百七万坪にふさがったのは僅か三分の一足らず」(『国民新聞』一九三〇年九月二日)にすぎませんでした。なお箱根土地会社は土地を買収するさいに、土地代金の一割を手付け金として支払い、残りは土地が売却されてから支払うという方式を採っていました。しかし土地分譲が進まず、

国立学園都市（1926年頃）
（『学園都市開発と幻の鉄道』）

残り代金を土地で返すということになりました。しかも土地価格は分譲価格で計算されるので、地主にとっては売ったときよりも大分面積の小さな土地が返ってくるということになりました。

しかし、堤はあくまでも国立学園都市の理想を追い続けました。一九二六年四月一日に国立駅が開設されると、同年中に駅からまっすぐに延びる幅二四間（約四三メートル）の幹線道路と東西に放射上に延びる幅六間（約一一メートル）の道路が完成し、東京高等音楽学校（現在の国立音楽大学）、国立倶楽部、国立学園小学校、動物舎、水禽舎、音楽堂などもできあがりました。その後も商店が増加し、郵便局もでき、マーケットや食堂なども新たに開設され、一九二七年五月に東京商科大学の移転が始まるころには「新興大学都市」としての基本的な諸設備が整備され、三〇年秋に同大学の全学部の移転完了をまって全貌が整うようになりました。

しかし東京商科大学教授の増田四郎は、のちに同大学が国立に移転した当時をふりかえってつぎのように述べています。

（『Hitotsubashi in Pictures』一九五一年）

「『諸君は神田の都塵をのがれて、ここ国立の赤松の林に移つて来た光輝ある最初の開拓者である。パイオニアーの精神に燃へて、学園都市建設の重大使命をはたしてもらいたい』

堀光亀教授は、例の名口調で、オックスフォードやケンブリッジの例をひきつつ、このように吾々を元気づけてくれた。しかしそこにあるものはクルトゥアーではなくて、アグリクルトゥアーの臭気であり、まことに寒々としたパイオニアーの吾々は、こがらしの吹きすさぶ夕方など、遥かな都心の灯が恋しくてならなかつた。

『何々建設予定地』の棒杭ばかりが立つていて、家屋は一向にふえるけはいがなく間のぬけたような大きな道路だけが整然と走つていた。いつだつたか忘れたが、『これでも二十年もすればすばらしい大学都市になるよ』などと話していると、佐藤弘教授は深刻な顔つきで『いや、地理学的にみると、こういう土地は二十年たつても同じことだよ』などと、心細い予言をされたことを想い出す。もし今度の大戦さへなかつたなら、この卓越した予言はまさに適中していたかもしれない。」

第三章　鉄道事業と百軒店・新宿園・武蔵野デパート

一、鉄道事業への進出

駿豆鉄道の買収

土地開発や観光開発は交通機関に大きく依存します。そのため、堤康次郎は鉄道事業にも進出しました。まず、一九二三（大正一二）年に、伊豆・箱根開発のために駿豆鉄道の株式を買収して支配下におきました。

駿豆鉄道の前身豆相鉄道は、一八九八（明治三一）年五月に下土狩―三島―韮山間に路線を敷設し、九九年七月に韮山―大仁間の延長線を敷設しました。その後、豆相鉄道の経営権は伊豆鉄道に移り、同社は一九一二年四月に伊豆電気に合併され、社名を駿豆電気鉄道と改称しました。駿豆電気鉄道は一九〇六年一一月に沼津―三島間の軌道線を開業していましたが、その後富士水電に合併され、一九一六年に富士水電が東京電灯に合併されると鉄道部門のみが独立して同年一二月に駿豆鉄道が発足しました。駿豆鉄道は一九一七年六月に沼津—三島間の軌道線、同年一一月には下土狩—大仁間の軽便鉄道線を富士水電から譲り受け、二四年八月に同線を修善寺まで延長しました。堤は、伊豆・箱根方面の観光開発のため、この駿豆鉄道の株式を買い占めて支配下におき、一九二五年七月には娘婿の永井外吉を専務取締役とし、小高義一を監査役に就任させるなど経営陣も側近で固めました。

駿豆鉄道の乗っ取りと「ピストル堤」
堤康次郎が駿豆鉄道の株式の買占めをはかっていたとき、相手側がやくざを回してピストルをつきつけてきたが、堤が少しも動じなかったので「ピストル堤」という異名がつけられたとされている（由井常彦編『堤康次郎』エス・ピー・エイチ、一九九六年）。ただし、「ピストル堤」のいわれには、堤の強引な手法に怒った関係者が日本刀などの凶器をもって殴り込みをかけてきたさいにピストルを乱射して応戦したからという説や、ピストルを乱射しながら屋敷に乱入してきた暴徒を柔道で投げ飛ばしたからという説もある。

武蔵野鉄道の支配と経営再建

堤康次郎が本格的に鉄道事業に進出するのは、東京郊外での学園都市建設に関係してからでした。箱根土地会社は、小平学園都市の開発に関連して国分寺—村山貯水池間の鉄道敷設を計画し、一九二八（昭和三）年一月に多摩湖鉄道を設立しました。また、大泉学園都市の建設に関連して、堤をはじめ、川島与右衛門、永井外吉らの箱根土地会社のグループが武蔵野鉄道の株式を取得しました。

武蔵野鉄道は、埼玉県の飯能在住の有力者が中心となって一九二五年五月に設立した鉄道で、二五年四月に池袋—飯能間四四・二キロメートルが全通しました。所沢や東京に近接する地域の郊外住宅地の発展にともなって旅客収入が著しく増加し、一九二二年に池袋—所沢間、二五年一二月には池袋—飯能間全線の電化が完成しました。

この電化は武蔵野鉄道の経営を少なからず圧迫することになりましたが、同鉄道はさらに一九二七年に練馬―豊島園間の支線、二九年五月に西所沢―村山公園間の支線、そして同年九月には飯能―吾野間の延長線を開通させました。この支線や延長線の敷設は、昭和初期の恐慌のなかで進められたため、武蔵野鉄道は貨物を中心とする運輸収入の減少、債務に対する利払いの増加に苦しめられ、一九二九年下半期には二〇万円ほどの赤字を計上し、無配に転落しました。とくに大株主であった浅野セメント*の要求で、採算を度外視して建設した吾野線は赤字の大きな要因となりました。

当時、武蔵野鉄道の経営は小能五郎らの地元有力者に委ねられていましたが、重役間に内紛がおこり、同社の経営は浅野セメント系の株主に委ねられ、一九三〇年五月に武蔵野鉄道の社長に遠藤柳作、専務に藤田秀雄、常務に白石多士郎が就任し、同鉄道の経営の刷新と業績の回復がはかられました。しかしこの浅野セメント系の重役陣による経営改革も功を奏さず、武蔵野鉄道は一九三一年下半期の決算で一三万八〇〇〇円の欠損を出し、浅野セメント系の経営陣は連袂辞職を余儀なくされました。

堤康次郎は浅野セメント系の経営陣が経営を放棄したのを契機に、武蔵野鉄道の支配に乗り出しました。堤はすでに大泉学園都市の建設に関連して、箱根土地会社の関係者を武蔵野鉄道の株主としていましたが、一九三一年七月に払込失権株式三万二六〇三株が競売に付されると、それを自ら競落し武蔵野鉄道の大株主となりました。そして、堤

浅野セメント

日本を代表するセメント製造会社で、現在の太平洋セメント。一八八三(明治一六)年四月、浅野総一郎が官営深川工作分局セメント工場を借り受けてセメント製造を開始し、翌八四年七月に払い下げを受け、匿名組合組織の浅野工場(のちの深川工場、東京工場)となった。一八九八年二月に合資会社に改組し、一九一二(大正元)年一〇月に設立された浅野セメント株式会社が翌一三年二月に浅野セメント合資会社を合併した。

武蔵野鉄道は一九一五年四月に池袋~飯能間を開通し、二五年一二月には全線の電化を完成させた。そして一九二七年一〇月に練馬~豊島園間、二九年五月には所沢~村山公園間の支線を開通さ

は一九三一年一二月に社長の遠藤が辞任すると、前年七月に監査役に送り込んでいた山名義高を専務とし、翌三二年一月には小高義一を取締役、東方友次郎を監査役としました。

こうして武蔵野鉄道の経営陣に箱根土地会社の関係者を送り込むと、堤は①支出は収入の限度内に抑える、②債権者に最大限の譲歩を請う、③株主にできる限りの犠牲を求める、という方針を確認し、ただちに同鉄道の経営再建に着手しました。しかし、武蔵野鉄道の負債の整理は容易には進まず、同鉄道は事実上破産状態に陥り、鉄道財団の管理下におかれることになりました。

一九三六年の夏、武蔵野鉄道の整理問題に新たな局面が現れました。武蔵野鉄道と無担保債権者のうち、安田銀行、安田信託、川崎第百銀行、浅野セメント、箱根土地系の債権者および某銀行との間で強制和議が成立したのです。そして武蔵野鉄道は、一九三六年一〇月七日の臨時株主総会で和議条件にそう形で減資と増資を決議しました。

堤康次郎によって減資、無担保債務の整理、物上担保債権付社債の整理の三件が解決され、武蔵野鉄道の経営再建は一九三八年九月にともかく成功をみました。そして堤は、一九三九年下半期にはじめて武蔵野鉄道の取締役に名を連ね、翌四〇年一〇月には社長に就任しました。

堤康次郎の経営再建策によって武蔵野鉄道の経営は著しく好転し、一九三九年下半期

せ、同年九月に大株主であった浅野セメントの要請で飯能～吾野間の延長線を開通させた。浅野セメントは、東京および川崎のセメント工場の原料供給地であった青梅地方の石灰石が乏しくなったため、武蔵野鉄道が所有する吾野の原石山を手に入れようと画策したのである。

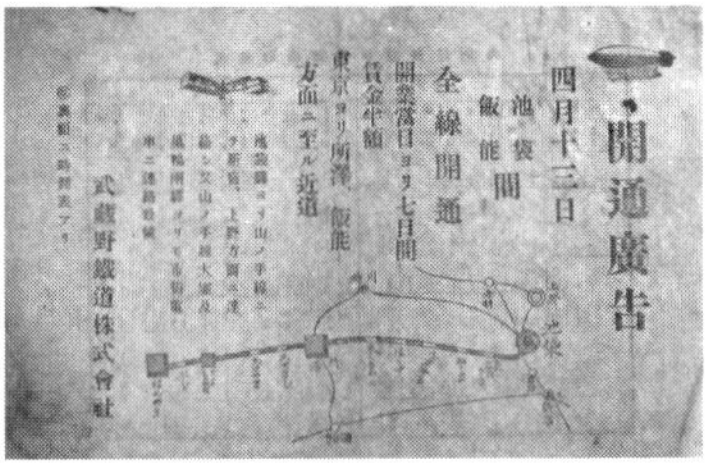

武蔵野鉄道開通広告（1915年）
（『鉄道の開通と小さな旅』）

には一二万円の利益が生じ、六パーセントの配当が復活しました。日中戦争開始後の景気の好転にともなって、東京市電池袋—護国寺間の開通（一九三九年四月）や、それにともなう池袋駅—東京駅間および池袋駅—渋谷駅間の市バスの開通などが、武蔵野鉄道沿線の郊外住宅地化をいっそう進めたからでした。また沿線への陸軍施設や学校の移転、さらにはハイカーや登山客の輸送などが増加したからでもありました。

多摩湖鉄道と豊島園の買収

武蔵野鉄道は一九三九（昭和一四）年一一月一七日の臨時株主総会で、多摩湖鉄道と日本企業が経営する豊島園の買収を決議しました。多摩湖鉄道は一九三〇年一月に国分寺—村山貯水池間九・二キロメートルの全線が開通し、三三年九月に東京商科大学の予科が小平学園都市に移転してくると、教職員や学生の輸送で朝夕の通学時には著しく混雑するようになりました。単線で小型の電車四両（のち六両）という編成では商大生を運びきれず、一九三〇年五月二六日の予科記念祭の日には、酒に酔った商大生が電車を襲撃するという事件がおこりました。こうしたなかで堤は、武蔵野鉄道の経営が好転したので武蔵野鉄道と多摩湖鉄道を別会社として経営する必要がなくなったと判断したのです。

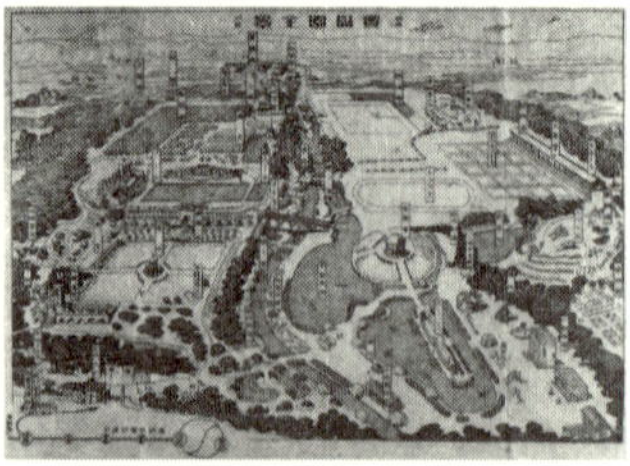

豊島園全景
(『鉄道の開通と小さな旅』)

旧西武鉄道
川越鉄道(川越〜国分寺間)は、一九一六(大正五)年五月に村山軽便鉄道から田無〜吉祥寺間の鉄道敷設権を譲り受けた。また川越電気鉄道(川越〜大宮間)は、一九一四年一二月に神流川水力電

豊島園は、一九一六年五月、樺太工業(のちの王子製紙)の専務などを務めていた藤田好三郎によって北豊島郡上練馬村の練馬城跡に開園されましたが、のちには経営権が安田信託、さらに日本企業の手に移りました。園内面積は四万三〇〇〇坪で、一九二九年の入場者数は三〇万一七七八人でした。園内面積では京成電鉄の谷津遊園や小田急電鉄の向ヶ丘遊園につぐ規模を誇り、入場者数では東横電鉄の多摩川園につぐ数に達していました。堤は、豊島園を武蔵野鉄道の乗客の吸引場として注目し、すでに一九二七年一〇月に練馬—豊島園間の支線を開業していましたが、さらに鉄道と遊園地を一元的に経営し乗客の増加をはかろうとして買収を決議したのです。

また武蔵野鉄道は、京浜デパートに貸していた池袋駅前の菊屋デパートの土地・建物の返却を受け、商号を武蔵野デパートと改称し、デパートの経営にも進出しました。武蔵野鉄道の経営はこのように多角化していきました。

旧西武鉄道の経営権の掌握

旧西武鉄道*は一九二五(大正一四)年一月に村山線延長の免許を受けると、高田馬場—東村山間の電化新線の建設とともに、川越線のうち東村山—川越間の電化に着手して一九二九年四月に完成させ、西武村山線と川越線を連絡させました。これを契機に、旧気を買収して武蔵水電となった。武蔵水電は一九二〇年六月に川越鉄道を合併して田無～吉祥寺間の鉄道敷設権を獲得し、二一年一〇月には西武軌道（荻窪～淀橋間）も合併した。しかし武蔵水電は、一九二二年六月に帝国電灯に合併され、このとき帝国電灯は鉄道・軌道部門を電力部門から切り離した。川越町の商人綾部利右衛門らがこれを譲り受け、一九二二年八月、新たに資本金六〇〇万円で西武鉄道を設立した。西武鉄道は、相互に連絡しない大宮線（川越久保町～大宮間）、新宿線（新宿～荻窪間）、川越線（国分寺～川越間）からなっていた。この西武鉄道を、戦後の西武鉄道と区別するため旧西武鉄道とよんでいる。

西武鉄道と武蔵野鉄道との競合が本格化するようになりました。とくに所沢駅では両鉄道の社員の摩擦や対立が激しく、堤はいずれ両鉄道を合併しなければならないと考えるようになりました。

一九四〇年一月二日には所沢駅でタブレットを間違えて渡したため、武蔵野鉄道の秋津―所沢飛行場間で電車と貨物列車の衝突事故がおこってしまいました。堤康次郎はこの事故をきっかけに両鉄道の合併への思いが募り、旧西武鉄道の株式の買い付けを決意しました。

ところで東京市および周辺の交通機関の競合を調整するため、一九三八年八月に交通*事業調整委員会が発足しました。同委員会の会長には永井柳太郎が就任し、関係者で衆議院議員の堤康次郎も委員として参加しました。堤は五島慶太や東京市などが主張する調整地域全域の一元的統合案に反対して、地域別の小合同案を主張しました。交通事業調整委員会では堤らの主張が入れられ、中央本線以南、中央本線と東北本線の間、東北本線と常磐線の間、常磐線の東南の四ブロックに分けた調整案が決定されました。

中央本線と東北本線の間の第二ブロックには、旧西武鉄道、武蔵野鉄道および東武東上線の三線が属していました。交通調整によってブロック内の企業統合の客観的条件が醸成されましたが、堤康次郎は旧西武鉄道を支配しうるほどの株式を所有していませんでした。このころの旧西武鉄道では東武鉄道と京王電気軌道が大株主として君臨してお

西武電車沿線案内（1938年頃）
（『学園都市開発と幻の鉄道』）

り、一九四二年七月に東武鉄道の支配下におかれることになりました。

堤康次郎はこれに異を唱えて東武鉄道と協議に入り、旧西武鉄道の株式七万二六六株の譲渡を受けました。こうして堤は旧西武鉄道の総株数の四五パーセントを所有し、いっきょに同鉄道を支配することになったのです。そして、一九四三年一月には小島正治郎を常務取締役、中島陟と永井外吉を取締役に送り込み、同年六月には自ら取締役社長に就任したのです。

ところで武蔵野鉄道と旧西武鉄道の営業収入を比較すると、前者が後者を大きく上まわっていました。そのため両社の対等合併は難しいと思われ、両社の合併は懸案となりながらも戦後に持ち越されました。そして一九四五年九月、武蔵野鉄道が旧西武鉄道と食糧増産を合併して西武農業鉄道が誕生し、この西武農業鉄道が翌一九四六年一一月に西武鉄道と社名を変更したのです。

自動車専用道路の建設

堤康次郎は、早くから別荘・観光地開発における自動車交通の重要性に注目し、有料の自動車専用道路の建設に着手しました。康次郎は箱根の全面的な開発のためには、熱海と箱根を道路で結ばなければならないと考え、中島陟をドイツに派遣したさいに、自

交通事業調整委員会
鉄道・バス会社などの整理・統合をはかるために一九三三（昭和八）年八月に施行された陸上交通事業調整法にもとづいて設置された委員会。昭和恐慌は日本経済に大きな打撃を与えたが、交通業界ではさらに事業者の濫立、地下鉄や自動車など新たな交通機関の登場によって競争が著しく激化し、経営が圧迫され、利用者の利便性も損なわれるようになった。こうしたなかで各種交通機関の調整を図る必要が生じ、陸上交通事業調整法が制定された。戦時期に制定されたため国家総動員法による統制立法とみられがちであるが、それとは趣旨が異なり、この法律自体は戦後になっても維持され、現在なお存在している。

動車専用道路についても研究させていました。

そして駿豆鉄道の手によって、一九二五（大正一四）年に熱海峠から長尾峠にいたる延長二六キロメートル、幅員六メートルの十国自動車専用道路[*]の建設が内務省に申請されました。しかし、十国自動車専用道路の建設には富士屋自動車という有力な競願者がありました。そのため認可に時間がかかり、駿豆鉄道が認可を得たのは出願から五年後の一九三〇年七月八日のことでした。

認可を得たものの十国自動車専用道路の建設には膨大な資金がかかり、その建設資金は駿豆鉄道の資本金と同額の一五〇万円と見積もられていました。そのため、株主のなかには駿豆鉄道が破産してしまうという反対論もありましたが、ともかく着工後二年を経て熱海峠—箱根峠間九・九キロメートルの自動車専用道路が開通しました。

十国自動車専用道路が開通すると、堤はただちにバスの運行を開始し「箱根行は安くて早い熱海から」のキャッチフレーズで宣伝しました。熱海駅では汽車の発着ごとにバスが接続し、やがて十国自動車専用道路は箱根内輪山の観光資源を内外に紹介する原動力となりました。そして堤は、さらに箱根をめぐる自動車専用道路網の完成をめざし、一九三六年一月に早雲山—大涌谷—湖尻—元箱根間（一〇キロメートル）、三七年一〇月には早雲山—小涌谷間（二・三キロメートル）の自動車専用道路を建設しました。

箱根土地会社が発行した当時のパンフレットによれば、「箱根の各温泉ホテルへの近

十国自動車専用道路
箱根峠と熱海峠を結ぶ自動車専用道路。堤康次郎は一九二五（大正一四）年に十国自動車専用道路の建設を申請したが、当時の日本には有料道路という概念自体がなく、完成したのはのは一九三二（昭和七）年七月一五日であった。

道は、熱海よりバスで元箱根に出で、大箱根一周の自動車専用道路に依る事が最も御便利」ということになったのです。

また軽井沢では、一九二八年に草津―軽井沢間の定期バスの運行が開始されると、箱根土地会社が軽井沢―峯の茶屋―鬼押出し―三原間の二六・三キロメートルにわたる自動車専用道路の建設に踏み切り、三三年に完成させました。一九三一年七月二二日には、出願中の万座温泉―草津間二〇キロメートルの有料自動車専用道路の開設が許可されましたが、当時堤は草津―白根―万座―草津電鉄石沢平駅間の、北信と北上州を結ぶ大遊覧道路の建設を計画していたともいわれています。

近江鉄道の買収と拡張

堤康次郎が近江鉄道の買収に着手したのは、一九四三（昭和一八）年早々のことでした。近江鉄道が設立されたのは一八九三（明治二六）年一一月のことで、東海道線彦根駅から八日市を経て、関西鉄道の深川駅にいたる延長四一・八キロメートルの地方鉄道でありました。発起人には西村捨三らの旧彦根藩士、および正野玄三や小林吟右衛門などの近江商人が名を連ねていました。

開業以来近江鉄道の経営は不振で、しばしば関西鉄道との合併が話題にのぼりましたが、一九一一年からは低率ながら配当ができるまでになりました。そして、一九二六年一〇月一日からは宇治川電気*が近江鉄道の経営の主導権を掌握するようになりました。しかし宇治川電気が電力国家管理*によって関西配電（現在の関西電力）に統合されたため、堤が近江鉄道の買収に着手したのです。

堤康次郎は、箱根土地会社を通じて近江鉄道の株式を短期間のうちに買収しました。一九四三年三月三一日の株主名簿によると、堤の長男清が一万五九二三株を所有して筆頭株主となっているほか、箱根土地会社の関係者で八五パーセント以上の株式を所有していました。また、同鉄道の増資後の一九四四年一〇月七日の株主名簿によると、箱根土地会社の関係者で全株式の約半分を所有していました。

近江鉄道を買収すると、堤康次郎は自ら社長に就任して営業基盤の安定・強化をはかり、郷土の繁栄に奉仕するためには観光開発と多角的交通網の整備が必要であるとして、積極的な拡張策をとりました。堤は戦時下の交通統制に乗じて、一九四四年三月一日に八日市鉄道を買収し、四月一日には綿向自動車、神崎自動車、越渓自動車、近江交通、滋賀交通、およびその他の個人経営になる自動車会社を合併・買収しました。一九四四年一二月一日には、交通事業法により草津、水口、八幡、湖東、彦根、長浜、虎姫、伊香の各交通会社、および滋賀合同自動車、米原自動車合名会社、信楽交通有限会社などの営業権、有体資産の譲渡を受けました。こうして近江鉄道は堤康次郎の経営のもとで、

宇治川電気
一九四二年の電力国家管理以前に、東邦電力、東京電灯、大同電力、日本電力とともに五代電力の一つとされる電力会社。一九〇六（明治三九）年に大阪商船の中橋徳五郎らによって設立され、一九一三（大正二）年に宇治水力発電所を完成させ、京阪地域への電力供給を開始した。大阪市や京都市の公営電力と激しい競争を展開したが、協定を結ぶなどして需要を確保した。

電力国家管理
一九三八（昭和一三）年四月、「電力管理法」「日本発送電株式会社法」「電力管理に伴う社債処理に関する法」が国家総動員法案などとともに成立した。これによって、電力会社、道府県、民間

戦時下に滋賀県下の鉄道および自動車事業を統括する独占的な交通企業となったのです。

二、百軒店と新宿園、および武蔵野デパート

百軒店

堤康次郎は別荘地、観光地、住宅地など土地開発事業の領域を拡大し、関東大震災前後には東京市内の有爵者や大口土地所有者の土地を買収して、市街地の再開発に取り組みました。そして、その過程で新しい盛り場として渋谷と新宿に注目するようになり、計画的な商店街や娯楽施設をつくりました。

一九二四（大正一三）年の春、堤康次郎は渋谷の道玄坂に「百軒店《ひやつけんだな》」と称する名店街を建設しました。渋谷駅を中心とする地域は、一九〇七（明治四〇）年の玉川電車二子玉川―渋谷間の開通、〇九年の山手線の電化、一一年の東京市電の延長などによって交通の便が向上し、大正初期には東京市郊外の著名な盛り場となっていました。とくに道玄坂一帯の発展は著しく、坂上の後背地に円山花街ができ、その名は広く知られるようになりました。

堤が道玄坂一帯の土地を買い入れたのは一九二三年の関東大震災前後のことでしたが、

企業などが経営してきた電力施設はすべて国家に接収・管理され、半官半民の日本発送電株式会社によって一元的に運営されることになった。

渋谷百軒店案内「東京新名所小銀座」（1924年頃）
（佐々木聡編『日本の企業家群像』）

新宿園の入口
（『民鉄経営の歴史と文化（東日本編）』）

当初は住宅地として開発する予定でした。しかし、震災復興の過程で渋谷周辺が繁栄していくのを目のあたりにして方針を変更し、ここを「商舗地及興行地」とすることにしたのです。堤は渋谷にショッピングセンターを作り、店舗建売方式で有名店の進出をはかりました。こうして、渋谷には聚楽座（劇場）と渋谷キネマ（映画館）を中心に商店街・興行街がつくられ、一一七軒の洋風二階建ての店舗が配置され「百軒店」と名づけられました。

堤康次郎は、この百軒店を「娯しみながら買物の出来る山の手の小銀座」とか、「平面的の一大デパートメントストアー」などとうたって宣伝に努めました。しかし、下町の復興とともに、賑わいをきわめた百軒店も二、三年のうちに寂《さび》れてしまいました。堤自身の関心も一九二五年になると学園都市の建設に移ってしまい、積極的に百軒店を発展させようという気持ちが薄れ、国立学園都市建設のために百軒店の売却を計画しました。

新宿園

堤康次郎は、一九二四（大正一三）年九月、四谷番衆町に「新宿園」と称する遊園地を開園しました。新宿は第一次世界大戦後における住宅地の郊外化のなかで、東京西郊地域のターミナルとして、有数の繁華街に発展していました。堤はこの新宿の将来性に注目し、興行地をつくる目的で関東大震災以後番衆町の土地約一万坪を買収し、新宿園を建設したのです。

開園当初の新宿園は「雅趣アル名園ノ風致」に自動遊戯具を備え、野外舞踊を演じる程度のものでありましたが、その後「活動写真館」「庭園劇場」「児童遊技場」「徒歩地」「動物舎」「水禽舎」などを加え、「東都ニ於ケル新名所ノ一ツ」（箱根土地会社『第十一回報告書』一九二五年）となりました。

また、新宿園は、専属の少女歌劇団と作曲部をもち、劇場の出し物や映画館の上映作品を定期的に替え、観客の動員をはかりました。ここには阪急の小林一三がつくった宝塚少女歌劇団を彷彿とさせるものがありますが、新宿園の経営は一九二五年末には行き詰まり、康次郎は開園後二ヵ月足らずのうちに撤退を決意し、二六年五月二日に閉園のやむなきにいたりました。閉園の理由については、「何分此地は交通の便と物価の低廉なる事に於て市内住宅地として絶好の場所」で、「地価も高く賃金の固定額多く低廉なる入場料を以つては到底利息を仕払ふ事も経費を償ふ事も困難に有之」（前掲『学園都市開発と幻の鉄道』）と説明していました。そして一九二六年一月には、国立学園都市を造るために新宿園を売却するという新聞広告が出ました。

武蔵野デパート

堤康次郎は戦時下の一九四〇（明治一五）年三月、京浜急行が兼営する京浜デパートの一分店であった池袋の菊屋を買収して武蔵野デパートと改称し、食料品や日用雑貨品中心の小規模百貨店の経営にも乗り出しました。すでに小林一三の阪急電鉄などによってターミナルデパートの経営がなされていましたが、堤も武蔵野鉄道のターミナルである池袋でデパートの経営に着手したのです。また堤はすでに軽井沢で夏期期間中だけの日用品マーケットを開設していましたが、これも武蔵野デパートの軽井沢分店となりました。しかし、武蔵野デパートの開業当初の経営は困難をきわめました。武蔵野デパートは戦後の一九四九年四月に西武百貨店と商号を変更しますが、その後の経営は堤の二男の清二*に委ねられていくことになりました。

このように堤康次郎の事業欲はきわめて旺盛で、その事業領域は土地会社のみでなく、第一次世界大戦後における「新中産層」の成長を基盤に発展し始めた観光・消費・レジャーなどの都市型第三次産業に拡大していったのです。

堤　清二

堤康次郎の二男として一九二七（昭和二）年三月三〇日に生まれる。一九六四年に康次郎が死去したのち西武百貨店を中心とする流通事業を受け継ぎ、西友、パルコ、クレディセゾンなどを育て、セゾングループを形成した。また一方で、辻井喬の筆名で文筆活動をしてきたが、一九九一（平成三）年に経営の第一線を退いたのちは、もっぱら文学の世界で活躍していた。二〇一三年一一月二八日に死去した。

第四章　戦後の事業

戦後の土地経営

箱根土地会社は一九四四（昭和一九）年二月に国土計画興業と社名を変え、武蔵野鉄道も念願の旧西武鉄道との合併を果たし、一九四六年一一月に西武鉄道が誕生しました。堤は日本社会の戦後復興に正面から取り組み、敗戦の痛手を負ったのにもかかわらず意気軒昂でした。

戦後の堤の土地経営は、国土計画、西武鉄道、復興社などで行われました。箱根や軽井沢での開発も再開されましたが、池袋駅東口、旧皇族および華族の邸宅地、湘南・三浦半島、さらには最後の事業となった八ヶ岳の開発などを中心に展開されていきました。

戦後の数年間、堤は東京区部の旧皇族や旧華族、その他大口土地所有者の土地を買い入れ、ホテルを建設したり住宅地として分譲したりしてきました。そして、一九五〇年代半ばからは、西武鉄道沿線と湘南・三浦半島などにおける土地の買収と開発を進めました。しかし戦後の堤には、必ずしも学園都市の建設のときにみられたような、自らの事業に対する明確なコンセプトは失われていました。むしろ、「買い持ち」の姿勢が強く、土地の値上がりを待って売却をしようとしていたように思われます。

西武鉄道と沿線開発

堤康次郎は戦後いちはやく武蔵野鉄道および旧西武鉄道の複線化をはかり、千葉県津田沼の旧鉄道連隊の演習線で使用されていたレールの払い下げを申請しました。この目的は十分には達成されませんでしたが、西武鉄道成立後も堤は輸送力の増強に積極的に取り組み、車両の増備、電化工事、変電所の充実、新線建設などで大きな成果をあげました。こうして戦後まもなく設備・車両の改善を実施したので、西武鉄道の興業費は私鉄他社と比べていちじるしく割安となり、同社の強みであるといわれました。

堤康次郎は西武鉄道の沿線開発にも積極的に取り組み、狭山丘陵を開発して「西武園」を建設しました。西武園は、堤が一九四七（昭和二二）年一〇月に買収した修養団練成道場を前身としています。村山・山口両貯水池周辺の観光開発を目的に、蓮沼門三*の修養団が所有する所沢周辺の梅林や栗林約一七万坪を買収し、「東村山文化園」という名の遊園地を造り、ホテル、結婚式場、温泉浴場、キャンプ村、演芸場、音楽堂、ダンスホール、児童遊戯施設、植物園、牧場、釣り堀などを設備したのです。

蓮沼門三
（一八八二〜一九八〇）
一八八二（明治一五）年二月に福島県で生まれる。東京府師範学校に入学したのち修養団を創立し、機関誌『向上』を創刊する。財界の大御所渋沢栄一を訪ね、修養団への賛同を得る。一九二四（大正一三）年に宮内庁から用地の無償提供を受け、修養団会館を建設する。「愛と汗」を基本理念とし、青少年の健全育成を中心とした幅広い教育事業を行い、日本における社会教育団体の源流のひとつといわれている。一九八〇年六月、九八歳で死去。

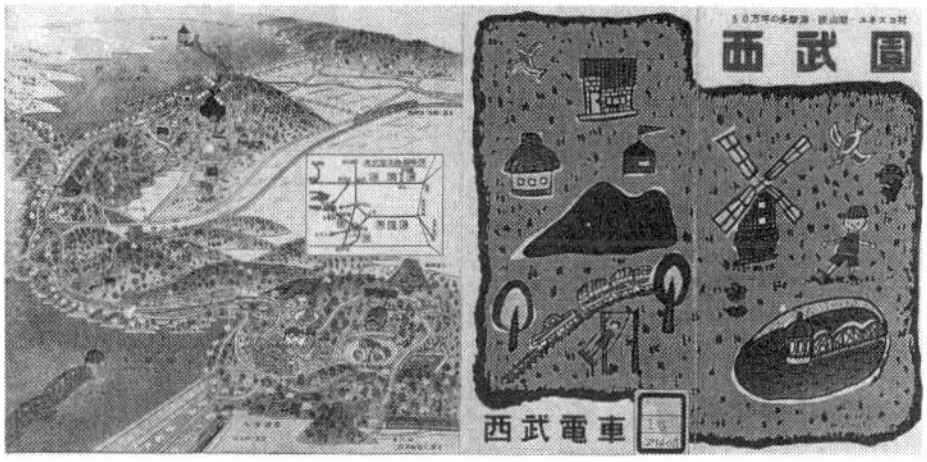

西武園ゆうえんち・多摩湖・狭山湖・ユネスコ村の案内（『鉄道の開通と小さな旅』）

遊園地は一九五〇年の春に完成し、五一年九月にユネスコ村が完成すると、「西武園」と改称されました。ユネスコ村は、一九五一年六月に日本がユネスコに正式加盟したのを記念して、世界各国のモデルハウスを展示して、青少年の教育に役立てようとしたものです。一九五〇年、所沢市に競輪場が完成し、所沢市と川越市によって村山競輪が開催されるようになりました。こうしたなかで一九五〇年五月に貯水池線（東村山―村山貯水池間）の野口信号所から競輪場前までの新線が建設され、西武園駅が開設されました。それにともない村山貯水池駅は一九五一年三月に廃止され、村山貯水池線は西武園線にとって代わられました。

堤康次郎は「西武園を宝塚以上のレクリエーションの場としたい」（『東洋経済新報』一九五三年二月七日）と述べていましたが、その考えは晩年になっても変わりませんでした。一九六二年一月の西武鉄道の社報『西武』で、堤は「東京から直通で四十分足らずで行ける五十万坪の西武園、ユネスコ村を、都民はいうに及ばず、日本で遊園地といったら、まず西武園というように総合大遊園地にして、アメリカのディズニーランドに劣らない世界一の立派なものにしてゆきたい」と、西武園にかける思いを語っています。西武園にはさまざまな遊戯施設が設備され、一九五九年一二月には狭山スキー場が誕生しました。

なお、一九五〇年から五三年にかけての西武鉄道の貨客輸送の動向をみると表2のよ

表２　西武鉄道の輸送動向

年度	旅客輸送（千人）	貨物輸送（千トン）	旅客収入（万円）	貨物収入（万円）	収入合計（万円）
1950	10,548	184	70,428	16,640	88,520
1951	11,197	169	83,930	18,187	106,020
1952	12,252	157	116,937	33,094	163,128
1953	13,920	158	140,511	31,038	187,662
1954	13,690	122	150,098	22,874	200,608
1955	15,108	100	161,452	17,250	209,130
1956	16,546	104	178,798	17,545	238,563
1957	18,469	86	200,838	15,351	266,627
1958	20,342	81	228,843	14,613	294,046
1959	22,241	90	288,549	16,583	376,384
1960	24,205	89	318,756	15,988	410,125
1961	26,903	94	360,319	18,676	461,080
1962	29,470	83	429,220	18,246	508,006
1963	32,309	76	524,978	17,731	581,806

出典：西武鉄道『営業報告書』各期。
注：1950,54,55年度は下期のみの数値しか判明しないので、それを２倍して表示した。

うで、旅客輸送、旅客収入が一貫して増加しています。これは、「新宿乗り入れ、西武園、豊島園、都営住宅等の旅客誘致策の結果」（『東洋経済新報』一九五三年二月七日）であったといえます。

箱根山戦争

戦後、小田原急行電鉄傘下の箱根登山鉄道と西武鉄道傘下の駿豆鉄道との間で、箱根のバス路線および芦ノ湖の湖上輸送をめぐって、「箱根山戦争」と呼ばれる抗争が繰り広げられました。小田原急行の社長は安藤楢六でありましたが、実質的には五島慶太の東京急行電鉄の支配下にあったため、世間ではこれを五島慶太と堤康次郎の代理戦争とみていました。

一九四七年九月、駿豆鉄道が小涌谷—小田原間に定期バス路線延長の免許を申請すると、箱根登山鉄道がそれに反対をしました。小田原—小涌谷—箱根町間には箱根登山鉄道自動車部の前身である富士屋自動車が営業をしており、駿豆鉄道の出願は箱根登山鉄道の勢力圏を脅かすことになるからです。しかし駿豆鉄道の出願は、底倉（宮ノ下）—

旅客を誘導する駿豆鉄道の社員
（横溝光暉『箱根闘争史要』）

小田原間の無停車などの条件のもとに免許され、一九五〇（昭和二五）年三月二〇日から定期バスの営業が開始されました。

すると箱根登山鉄道も駿豆鉄道にチャレンジし、一九五〇年三月一三日、小涌谷—早雲山—湖尻間の駿豆鉄道の専用道路にバス路線の免許を申請したのです。強羅—早雲山間のケーブルカーがこの年の七月に再開することになっていましたので、自社の交通機関による箱根観光の一貫輸送をめざしたといえます。

駿豆鉄道は「専用道路」に定期バスを乗り入れるためには、道路管理者である同鉄道の承諾が必要であるとして、この免許申請に強く反対しました。これに対して箱根登山鉄道の主張は、「専用道路」は「私有私営」であっても「私有私用」ではなく、一定の料金を支払えば一般の自動車が自由に通行できる「一般自動車道」であるので、速やかに免許されるべきであるというのでした。

箱根登山鉄道は、早雲山線乗り入れを同鉄道にまったく認めないのは公平を欠くという運輸省の判断のもとに、一九五〇年四月一五日に駿豆鉄道との間に乗入運輸協定を結び、七月一日から営業を開始しました。そして運輸省は、一九五二年六月二六日、駿豆鉄道の小田原乗入免許に付した制限条件を解除するとともに、箱根登山鉄道の早雲山線乗り入れについての運輸協定を免許に切りかえるという内示を出してきました。箱根登山鉄道は、この内示に従って早雲山線の乗入免許申請をしましたが、駿豆鉄道はこれに反対し訴訟戦術を採ることにしました。

堤康次郎の主張は、この専用道路は駿豆鉄道が数十億円もの巨費を投じて建設した私道であり、公共の役に立ってはいるが公有のものではない。したがって、ハイヤー、タクシー、自家用車、観光バスなどの一般諸車の通行は認めているが、権利のともなう定期バスの運行を認めないのは当然であるというものでした。伊豆箱根鉄道と箱根登山鉄道は激しい訴訟合戦を繰り広げましたが、一九六一年三月一六日に箱根登山鉄道の控訴が東京高等裁判所によって棄却され、伊豆箱根鉄道の勝訴となりました。なお、堤と五島慶太の対立と抗争は、芦ノ湖の湖上輸送、熱海～大島航路の免許、伊東～下田間の鉄道をめぐっても生じました。

おわりに

堤康次郎は、西武鉄道の創業者として広く知られています。しかし本書で述べてきましたように、堤が鉄道事業に進出したのは、土地開発および観光開発に関連してのことでした。したがって小林一三によって先鞭をつけられ、その後多くの都市近郊私鉄が行った鉄道事業のための沿線の土地・観光開発というものとは大きく異なっていました。鉄道事業に進出したのちも、堤の事業全体のなかで土地・観光開発が高い比重を占めているのはそのためであったと思われます。西武鉄道の関係者の証言によれば、堤の事業の七〇パーセントは不動産でした（「西武鉄道・その異色経営の限界をつく」『ダイヤモンド』一九六四年六月一四日号）。堤康次郎は、やはり「土地の堤」であったということができます。

堤康次郎は一九六四年四月二六日に心筋梗塞で急逝しますが、堤が死去したのちの西武鉄道の経営を他の電鉄各社と比較してみると**表3**のようで、過小資本と過大借金を大きな特徴としていました。西武鉄道は、営業収入では東武鉄道や東急電鉄に匹敵する規模でありながら、資本金はその三分の一以下しかなかったのです。その一方で多額の借金をかかえ、正味の金利負担をみると、営業収入に対して一七・六パーセントを占め、

表３　関東地方各電鉄の経営比較（1965年3月期）

電鉄会社	営業収入(a)（百万円）	運輸収入(b)（百万円）	b/a（%）	資本金（億円）	借金（百万円）	借入金・社債利子(c)（百万円）	正味の金利負担額(d)（百万円）	c/a（%）	d/a（%）
西武	9,420	3,341	35.5	32	39,200	1,801	1,654	19.1	17.6
東急	10,130	3,553	35.1	105	55,558	2,387	1,306	23.6	12.9
東武	11,376	6,011	52.8	102	29,532	1,162	688	10.2	6.0
京成	5,443	1,868	34.3	90	29,312	738	407	13.6	7.5
京王帝都	3,990	2,216	55.5	80	24,106	801	743	20.1	18.6
小田急	4,086	3,411	83.5	45	24,166	829	563	20.3	13.8
京浜	4,579	2,773	60.6	45	25,197	797	777	17.4	17.0

出典：「西武鉄道・その異色経営の限界をつく」（『ダイヤモンド』1965年6月14日号）。

京王帝都に次いで高くなっています。

また部門別営業利益をみると、鉄道部門六億二四〇〇万円、兼業部門一三億九三〇〇万円で、兼業部門が六九・一パーセントを占めていました。兼業部門のなかではホテル業が四億二〇〇万円の赤字、旅客誘致業が一八〇〇万円の黒字、そして不動産賃貸事業が一七億七八〇〇万円の黒字でした。西武鉄道は、営業利益の七割近くを兼業部門が占め、その利益の多くは不動産事業が稼ぎ出していたのです。経済雑誌『ダイヤモンド』（一九六五年六月一四日号）が述べているように、「西武は付帯事業の利益といっても、その大半は土地分譲、建物賃貸の利益であり、その利益で新設ホテルなどの赤字を消し、多額の金利を負担し配当を」していたのです。

堤康次郎の最後の事業も、八ヶ岳山麓の開発事業でした。この事業は、西武百貨店不動産部の手によって進められましたが、堤が急逝したため、後継者の堤清二に引き継がれました。自らの手で実現することができなかったとしても、「土地の堤」にふさわしい最後の事業であったといえます。

（『東横百貨店』）

五島慶太

「強盗慶太」と呼ばれた男の実像

ごとうけいた
一八八二（明治一五）年、長野県に生まれる。三七歳のとき鉄道官僚を辞して私鉄経営者に転じ、東京西南部から横浜にかけて路線網を発達させるとともに、住宅地の開発・分譲、ターミナル・デパートなどの関連事業へも積極的に進出した。一九五九（昭和三四）年、七七歳で没す。

第一章　生い立ち

一、幼少期から青年期まで

郷里と生家

五島慶太の生家
（『五島慶太の追想』）

五島慶太（一八八二〜一九五九）は一八八二（明治一五）年四月一八日、長野県小《ちい》県《さ》郡《がた》青木村で父小林菊右衛門、母寿ゑの次男として生まれました。

小林家は農家で、一千戸ほどしかない同村の中では比較的裕福な家だったようです。両親とも特段の教育は受けていませんでしたが、朝晩に法華経の読経を欠かさない信心深い父親と、利発で躾《しつけ》の厳しい母親の薫陶を受けて慶太は育ちました。一八八九年四月、慶太は地元青木村の青木尋常小学校に入学し、尋常科に四年間通学したのち、九三年四月に隣接する浦里村の浦里尋常小学校高等科へ進みました。

一八九五（明治二八）年三月、慶太は高等科の卒業を迎えますが、このころ小林家は製糸事業の失敗などもあって家計に余裕がなくなり、「普通なら小学校を出て、家業を

中学校上田支校在学中の慶太（後列右から二人目）（『五島慶太の追想』）

手伝うか、丁稚《でっち》小僧にでも出されるところ」（『私の履歴書』第一集、日本経済新聞社、一九五七年）という状況に陥りました。しかし、向学心があり、学校の成績も良かった慶太は、父親に特別に頼み込んで上田にある中学校（長野県尋常中学校上田支校）への進学を許されました。上田支校で三年間の課程を修了すると、残り二年間は松本の知人宅に下宿して本校である松本中学校（現松本深志高等学校）へ通い、一九〇〇年三月に同校を卒業しました。

代用教員時代

中学を卒業した慶太は、さらに上級学校への進学を考えましたが、実家の苦しい家計を頼りにするわけにもいかず、一九〇〇（明治三三）年四月にひとまず郷里へ戻りました。そして、母校である青木尋常高等小学校（一八九五年より青木尋常小学校に高等科二年が併設されて校名を変更）の代用教員となり、教師としての仕事の合間に勉強をしながら、進学の機会をうかがうことにしたのです。

一九〇一年六月、慶太は休暇を利用して東京へ行き、高等商業学校（現一橋大学）の入学試験を受けました。たまたま上京した当日、政治家で東京市会議長の星亨《ほしとおる》*が暗殺される事件が起こります。新聞の号外を手にしながら慶太は、「人間は死ぬ気になればな

星亨の暗殺事件
政治家・星亨が東京市庁参事会室で剣術師範伊庭想太郎との面会中に短刀で刺殺されたのは、市会議長在任中の一九〇一年六月二一日で、新聞の号外が出たことも確かであ

る（竹内良夫『政党政治の開拓者　星亨』芙蓉書房、一九八四年）。慶太は上京の当日でもあるその日を七月二一日としているが（五島慶太『七十年の人生』）、おそらく記憶違いであろう。

んだってできる」（五島慶太『七十年の人生』要書房、一九五三年）という思いを抱きました。あいにく受験の結果は不合格でしたが、もうしばらくは代用教員を続けながら勉強し、また挑戦してみようと決意して、慶太は再び青木村へ帰ってきました。

上級学校であればどこでもよいからとにかく勉強したいと思っていた慶太が、東京高等師範学校（現筑波大学）の学生募集の知らせを目にしたのはそれから間もなくのことでした。卒業後、教職に就くことを前提に授業料を徴収しなかった高等師範学校は、当時の中学校卒業生、とくに学資負担の困難な者にとっては魅力的な進学先とみなされていました（百瀬孝『事典　昭和戦前期の日本』吉川弘文館、一九九〇年）。高等師範学校も難関であることに変わりありませんでしたが、学費の支弁に困っていた慶太は、早速長野県庁で実施された入学試験を受けて無事合格しました。この頃の慶太は、「将来先生になるということも面白い仕事だ」と思っていましたし、「先生がもしいやになったら、またほかの仕事をやってもいいじゃないか」（前掲『七十年の人生』）と考え、代用教員を辞めて上京することにしました。

上京して高等師範学校へ

一九〇二（明治三五）年四月、慶太は湯島の昌平坂学問所跡にあった東京高等師範学

嘉納治五郎
（一八六〇～一九三八）
教育家、講道館柔道の創始者。学習院教授兼教頭などを経て、東京高等師範学校校長を長年にわたり務める。在来の柔術を再構成した教育としての柔道を創始し、一八八二年に講道館を設立してその指導、普及に努めた。一九〇九年には東洋人で初めてＩＯＣ委員に推薦され、大日本体育協会初代会長も務めた。

校の英文科に入学します。当時の校長は、講道館の設立者として知られる＊嘉納治五郎《かのうじごろう》で、太い腕っ節を出した柔道着姿のまま教壇に立つこともありました。慶太が受講していた「修身」の講義などは、「はじめからしまいまで『なあにくそッ』の一点張りで、ほかのことはなにも説きゃしない」（以下、五島慶太『事業をいかす人』有紀書房、一九五八年）というもので、柔道から実践的に得た不屈の精神を鼓吹する内容でした。慶太も最初は変なことを言う先生だと思っていましたが、次第に感化されるようになりました。のちに慶太は、「世の中へでてみて先生の訓《おし》えが本当にわかった。高師ではむろん英語とか地歴とか、教育学とか、いろいろなことを教わった。それらの大方は忘れてしまった今日まで、一番頭に残り、一番役に立ったのは、この『なあにくそッ』であった。どんなことにぶつかってもこれさえ忘れなければ必ずやっていける、という先生の言葉はウソではなかった」と語っています。

　注目したいのは、このような嘉納の教えについて慶太が、「先生は、力の善用をも説かれて何事にも決してムリを強いられなかった。ムリとムダとは柔道でももっともいましめるところであるが、『なあにくそッ』の闘魂とはまた別である。人生の妙用はこの二つがぴったり結びつくところにあるともいわれた」と理解していた点です。すなわち、慶太にとって不撓不屈の精神は、合理主義的な考えや方法と矛盾しないものとして受けとめられたのでした。

東京高等師範学校在学中の慶太（中央）（『五島慶太の追想』）

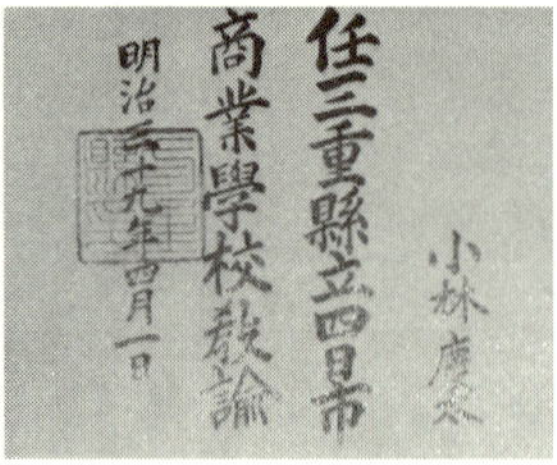

小林慶太
任三重縣立四日市商業學校教諭
明治三十九年四月一日

三重県立四日市商業学校教諭の辞令（『五島慶太の追想』）

二、向学の志

四日市で英語教師に

一九〇六（明治三九）年三月に東京師範学校を公費生として卒業した慶太は、その年の四月、英語教師として三重県四日市にある県立四日市商業学校に赴任しました。教育を「面白い仕事」と思っていた慶太でしたが、校長をはじめとする同校の教師たちは、彼の眼にはどうにも人間的な魅力に乏しく映ったようです。慶太は赴任からまもない同年六月より六週間、師範学校卒業生に与えられていた恩典である「六週間現役兵」として、愛知県東春日井郡守山町にある第三師団第五旅団歩兵第三三連隊に服役します。また、同年七月には文部省が企画した日露戦跡視察の夏期修学旅行に二人の生徒を連れて出発していますので、教壇に立つようになったのは年度の後半になってからと思われます。短く刈った髪に口髭、高等師範の制服のボタンを取り換えただけの詰襟姿で出勤する慶太は、当時の生徒たちの回想によれば「気取らず、威張らず、天心爛漫な愉快な先生」で、「生徒間の人気はナンバーワン」（『五島慶太の追想』五島慶太伝記並びに追想録編集委員会、一九六〇年）でした。

その一方で慶太は、下宿していた部屋に原敬と雨宮敬次郎*の写真を飾り、招いた生徒たちに「オレもこのような人物になりたい」と口癖のように語るなど、一教師として生涯を全うするつもりもなかったようです。このまま教師を続けていくことに不安を感じはじめた慶太は、「中学から高師と卒業してみると、次第々々に視野も開けてくる。……やるなら最高学府の大学に入ろう、そして大学を出て一つ世の中と勝負してみてやろう」（前掲『七十年の人生』）と決心し、学校を辞めることにしました。正式な辞職年月日は一九〇七年九月三〇日となっていますが（前掲『五島慶太の追想』）、慶太はその年の四月か五月頃にはすでに四日市を引き払って上京していたと回想しているので（前掲『七十年の人生』）、最後の半年近くは事実上、東京で受験に備えていたものとみられます。

雨宮敬次郎
（一八四六〜一九一一）
甲州財閥の一翼を担った実業家。横浜で投機的商人として浮沈を繰り返していたが、一八八八年、設立間もない甲武鉄道（現ＪＲ東日本中央本線）の株式を大量取得するとともに、取締役として経営に携わった。鉄道国有化後は大日本軌道の経営者として、簡易な蒸気軌道を各地に普及させることにも熱意を注いだ。

東京帝国大学へ進学

四日市商業学校の教師を辞めた慶太は、一九〇七（明治四〇）年九月、念願かなって東京帝国大学法科大学政治学科選科への入学を果たしました。選科生となったのは、慶太の学歴が高等師範学校卒だったためでしたが、向学心に燃える彼は同年一〇月、正科生となるのに必要な高等学校卒の学力証明を得るため、第一高等学校の検定試験に挑戦

東京帝国大学法科大学
在学中の慶太
(『五島慶太の追想』)

しました。この試験は、高等学校本科三年分のカリキュラム全科目を受けるもので、体操や図画までも含んでいました(『東京大学百年史』通史二、東京大学出版会、一九八五年)。すでに満二四歳になっていた慶太にとってはかなりの負担でしたが、晴れて合格し、学士号の得られる正科生になることができました。

教員時代に貯えた資金をその年のうちに使い切ってしまい、学資に窮した慶太は、高等師範学校の恩師・嘉納治五郎に相談し、彼の口利きで富井政章(民法学者、のちに立命館大学初代学長)の長男・周の家庭教師を住み込みでつとめました。翌年、周を仙台の第二高等学校へ無事入学させた後は、大学の掲示板で陸奥宗光が設けた奨学金給費生の募集を目にし、富井の紹介で選考委員の一人であった加藤高明(元外務大臣、のちに内閣総理大臣)と面会する機会を得ます。ちょうど駐英公使としてロンドンへ渡ることになった加藤は、学資は自分が出すから留守中に長男・厚太郎の面倒を看てくれないかともちかけ、慶太は渡りに舟とばかりにこれを引き受けました。岩崎弥太郎の女婿でもある加藤の知遇を得たことで慶太は、三菱の豊川良平からも学資の援助を受ける機会に恵まれました(前掲『七十年の人生』)。富井、加藤という当代一流の人物たちとの交流は、帝大生時代の慶太の人間形成に多くの影響をもたらしました。

一九一一(明治四四)年七月一一日、慶太は東京帝国大学法科大学政治学科を卒業しました。年齢はすでに二九歳になっていました。法科大学の同期卒業には、重光葵《まもる》(外務次官、外務大臣)、石坂泰三(第一生命保険社長、東京芝浦電気社長、経済団体連合会会長)、正力松太郎(読売新聞社社長、北海道開発庁長官)、小笠原三九郎(衆議院議員、大蔵大臣)、松本学(内務官僚、貴族院議員)、三宅正太郎(司法官僚、司法次官)、牧野良三(衆議院議員、法務大臣)など、のちに政・官・財の各界で活躍する著名人たちが名を連ねていました(『東京帝国大学一覧 従明治四十四年至明治四十五年』一九一一年)。慶太の生涯を通じた盟友として、のちに事業をともにする篠原三千郎も同期卒業でした。

農商務省（1911年、『東京風景』）

第二章　官僚から実業家へ

一、官僚時代の五島慶太

農商務省、そして鉄道院へ

慶太は大学卒業直後の一九一一（明治四四）年七月、農商務省に入りました。入省を斡旋したのは学生時代からの恩人である加藤高明で、同年三月の工場法制定にともなって設置される工場監督官の候補に、という話もついていたようです。慶太は大浦兼武大臣と押川則吉次官に面会し、嘱託として採用されました（前掲『七十年の人生』）。他方で慶太は、高級官僚への登用に欠かせない文官高等試験も受験し、同年一一月、合格者一三九名中一八番という好成績で合格しました（『官報』一九一一年一一月七日）。

私生活では一九一二年二月に、久米民之助の長女万千代と結婚しました。久米は皇居二重橋の設計者として知られる工部大学校卒の土木技術者で、その後は日本土木会社を経て鉄道建設請負業を開始し、国内各地や台湾・朝鮮の鉄道工事を数多く手がけていま

家族写真。左から次女光子、妻万千代、長女春子。五島に抱かれているのは後に東京急行電鉄社長となる長男昇（1917年、『五島慶太の追想』）

した（『日本鉄道請負業史 明治篇』鉄道建設業協会、一九六七年）。このとき万千代は久米の母方の家で絶家になっていた上州沼田の五島家を再興することとなり、慶太も結婚を機に「五島」と改姓しました。万千代との間には、春子（一九一三年三月生まれ）、光子（一四年一〇月生まれ）、昇（一六年八月生まれ）、進（一八年六月生まれ）の二男二女に恵まれました。長男の昇は、第二次世界大戦後の一九五四年五月、慶太の後継者として東京急行電鉄のトップに就任することになります（以下では、慶太にかえて「五島」と記す）。

ところで農商務省に入ったものの、肝心の工場法は施行までに二年程度の準備期間が必要とされ、その後も政府の緊縮財政方針や実業界の抵抗によって、予算化ならびに施行規則の立案が長引きました。実際、工場法が施行されるのは、法制定から五年以上も経過した一九一六（大正五）年九月のことです（隅谷三喜男「工場法体制と労使関係」、同編『日本労使関係史論』東京大学出版会、一九七七年）。また、農商務省における五島の身分は、難関の文官高等試験をパスしたにもかかわらず、定員の関係でその後も嘱託のままでした。入省前に聞かされていた職務の当てが外れ、正式な官吏といえない身分に留め置かれるという、五島にとってはまさに不遇の時代でした。

こうしたなかで五島は、一九一三（大正二）年五月に農商務省嘱託を辞し、内閣に直属する鉄道院の総裁官房書記へと転じます。このときも五島は、加藤高明に床次竹次郎

鉄道院
（『国鉄興隆時代』）

総裁へ電話を入れてもらい、総裁官房で人事主任を務めていた中川正左（のちに鉄道省次官）を紹介されて、移籍を実現させました（前掲『七十年の人生』）。

私鉄の監督官として

一九一三（大正二）年六月、五島は鉄道院監督局勤務となり、翌一四年四月には副参事補に任じられました。以後、五島は監督局庶務課勤務（一九一五年六月）、副参事（同年七月）、参事・監督局総務課勤務（一七年一二月）、監督局総務課長心得（一八年一〇月）、監督局総務課長（同年一二月）という経歴をたどります（秦郁彦編『日本近現代人物履歴事典』東京大学出版会、二〇〇二年）。農商務省で工場監督官となることは叶いませんでしたが、鉄道院での五島は一貫して私鉄事業に対する「監督官」を務めたことになります。それは、「此の間度々転勤を慫慂《しょうよう》されたさうだが立派に謝絶して他を顧みなかった」（有楽町人「官吏生活から実業生活へ（二）」、『実業之日本』第二二巻第一二号、一九二〇年六月一五日）といわれるほど、五島が積極的に打ち込んだ仕事でした。

ちょうどこの頃から鉄道院の私鉄監督行政は、忙しさを増しつつありました。従来、私設鉄道法によって比較的厳格に規制されてきた私鉄事業への参入は、一九一〇年三月の*軽便鉄道法制定によって大幅に緩和され、軽便鉄道補助法にもとづく国庫助成が一一年度から始まると、その実態に関係なく「軽便鉄道」として免許を申請する、あるいは準拠法規を軽便鉄道法へ変更する事業者が急増しました。軌道条例にもとづいて敷設される軌道も、一九一〇年代前半に著しい発展を遂げました。とりわけ電気軌道は一九一〇年度に馬車軌道の開業距離を抜き、従来から存在していた都市内路面交通の域にとどまらない「郊外電鉄」として発展を遂げるものが相次ぎました。

関西の有力軌道事業者として成長する箕面有馬電気軌道（一九一八年二月、阪神急行電鉄へ改称）の小林一三とお互いに知る仲になったのも、この時期でした。五島より一〇歳ほど年長の小林は、しばしば電鉄の要件を携えて鉄道院を訪れていたといいます（五島慶太「小林一三翁を偲ぶ」、東京急行電鉄『清和』二〇八号、一九五七年二月）。

軽便鉄道法
一九〇六～〇七年に実施された鉄道国有化の結果、残された中小私鉄にとって従来からの私設鉄道法が過重なものになったこと、新規事業者の参入も同法を回避して軌道条例を拡大解釈する傾向があらわれたことなどを背景として一九一〇年に制定された私鉄の監督法規。免許、建設規格、営業などに関する規程が大きく緩和された。

五島の政策姿勢

鉄道官僚としての五島がまず直面したのは、上記のような私鉄事業者の増加という事態に、監督当局としていかに対応していくかという問題でした。鉄道院は、この時期に急増する軽便鉄道や電気軌道が私鉄の本流になったことを受け、その実態に合わせた軽便鉄道法・軌道条例の改正や軽便鉄道補助法の改正を相次いで実施しました。

前者の改正では、私設鉄道法で例外的に認められていた発行株式全額払込み前の増資

官僚時代の五島
（『五島慶太の追想』）

を軽便鉄道・軌道事業者にも適用するかどうかをめぐって、「商法の大原則」を重視する司法省との間に意見の齟齬が生じますが、五島は鉄道官僚として、事業者の便益を擁護する論陣を張りました（五島慶太「軽便鉄道法及軌道条例の改正」、『帝国鉄道協会会報』第一九巻第六号、一九一八年六月）。もっとも、そのような増資はあくまで改良工事と延長線建設に目的を限定し、主務官庁の認可を必要条件とするなど、「極めて之を厳格に解釈し濫用を防止せむ」という姿勢は崩しませんでした。

五島は、同じく商法の例外として鉄道会社に認められていた建設利息問題に対しても積極的に発言しています。建設利息とは、鉄道のような長期間の工事を要する事業者が株主募集を容易とするために商法第一九六条で特別に認められている開業前の利息配当のことですが、新興事業者の中には一部区間の営業開始後も株主利害を反映した建設利息を名目とする配当を継続するケースが発生していました。大審院は一九一五（大正四）年一二月、商法に定める「開業」は全区間開業の意であるとの判断を示し、鉄道院も現状を追認せざるを得なくなりますが、五島は「余は此の判例に対して多少の疑義あり」（五島慶太「鉄道に於ける建設利息問題」、『帝国鉄道協会会報』第一七巻第五号、一九一六年〔八月〕）と、最高法衙の法律解釈に疑問を投げかけました。

このように、鉄道官僚としての五島の政策姿勢は、軽便鉄道や電気軌道の発達に合わせた法的な特例措置に理解を示す一方、その拡大解釈や濫用には、専門の監督官として

喜安健次郎
（一八八五〜一九四七）大正期から昭和前期の鉄道官僚。愛媛県出身。一九一二年、東京帝国大学法科大学卒業と同時に鉄道官僚となり、鉄道院監督局業務課長（一九一八年）、鉄道省運輸局総務課長（一九二四年）、同監督局長（一九三一年）などを経て一九三四年より鉄道次官を約六年間務める。法律通として知られ、鉄道法規に関する著書も多数ある。

厳しく対処しようとするものでした。

こうしたなか、五島は前述のような諸問題も浮上していた従来の私鉄監督法規を一新する地方鉄道法の制定に携わりました。監督局長の佐竹三吾、業務課長の喜安健次郎*、技術課長の曽山親民とともに「昼夜兼行、日曜返上」で取り組んだ地方鉄道法は一九一九（大正八）年四月に公布され、八月には施行規則および多数の附属命令も施行されました。この作業について五島は、「大学を出てから初めての立法事業参画であり、精魂を打ち込んで、ひたむきに努力したお蔭で、何ともいいようのない満足感を味わった」（五島慶太「面白い因縁」、私鉄経営者協会『喜安健次郎を語る』一九五九年）と振り返っています。軌道についても、軌道条例に代わる軌道法の制定準備が進められましたが、内務省との共管であることから、公布は一九二一年四月にずれ込みました。

地下鉄への関心

私鉄監督法規の整備が一段落した五島にとって、次なる政策課題となったのは、大都市における高速鉄道、とりわけ地下鉄の建設という問題でした。緩速度の路面電車は当時におけるほぼ唯一の近代的な都市交通機関でしたが、第一次大戦期以降になると東京市や大阪市といった大都市においては輸送力の限界が顕在化しはじめました。こうした

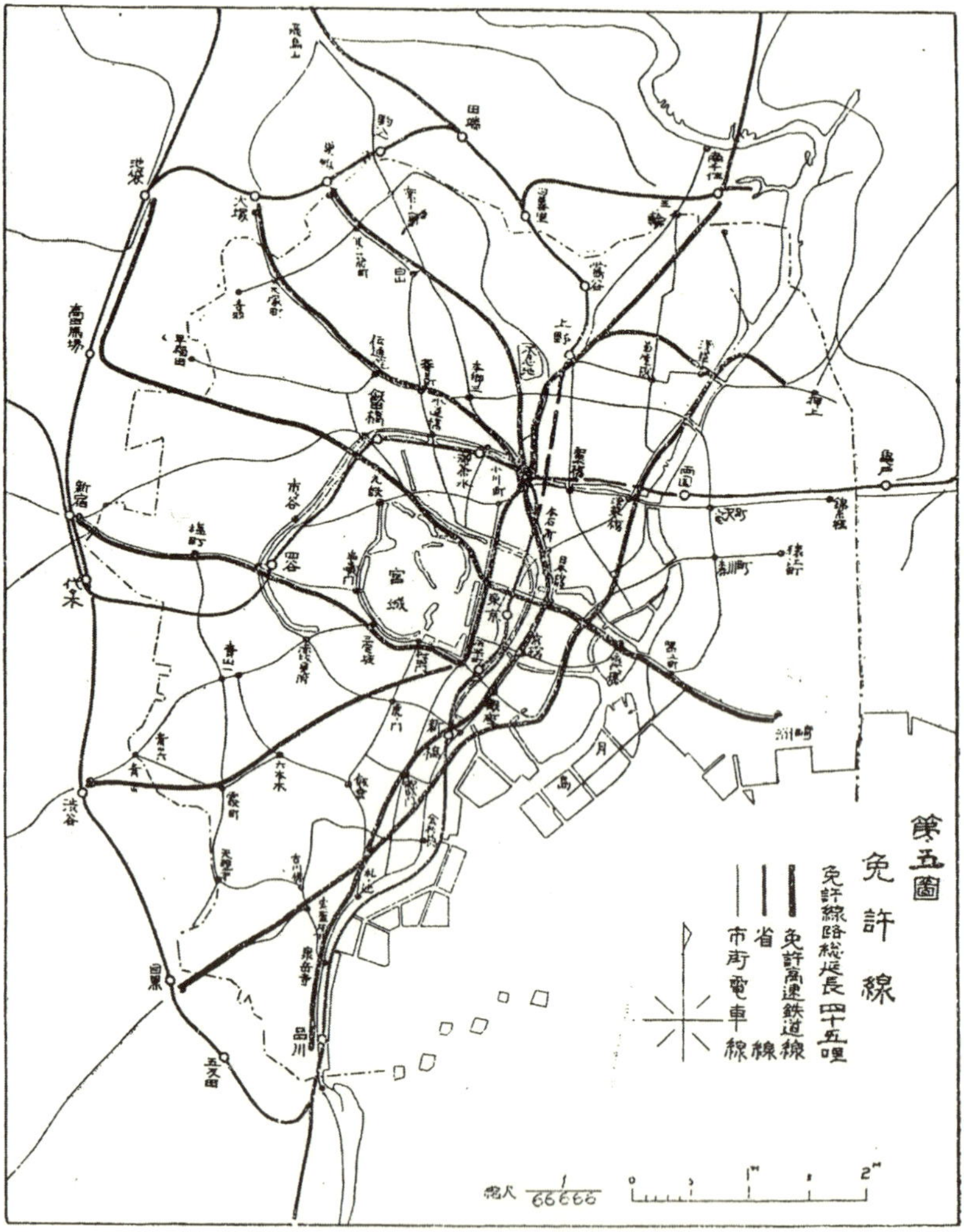

1919～20年にかけて免許を受けた地下鉄路線（『高速度鉄道に就きて』）

状況の中、五島は一九一九（大正八）年の夏頃に「我大都市に於ける高速度鉄道、特に地下鉄道研究の為め欧米に出張の内命を受け」て本格的な研究に着手し、「大都市の交通機関に対する問題は余輩の頭を支配する」（前掲「官吏生活から実業生活へ（二）」）ようになりました。

折しも一九一八（大正七）年九月に原敬率いる立憲政友会内閣が成立し、鉄道院でも総裁に床次竹二郎、副総裁に石丸重美という政友会系の人物がトップに就いて、監督行政に影響力を及ぼしはじめました。地下鉄についても、一九一九年四月、床次が大臣を兼任する内務省が東京市内外交通調査委員会の原案にかかる地下鉄七路線の計画を東京市区改正委員会に提案し、翌二〇年一月にこれが可決されて東京における地下鉄網の骨格が決定しました。他方、一九一七年七月に免許を出願していた東京軽便地下鉄道を追いかけるように、一八年一一月に武蔵電気鉄道、一九年一月に東京高速鉄道、同年一二月に東京鉄道が、政友会の積極的な鉄道政策に期待を寄せつつ相次いで地下鉄の敷設免許を申請しました。都市交通機関としての地下鉄の必要性を強く感じていた五島も、前記四社に地下鉄免許を与えることに対しては「随分骨を折った」（同前）ようです。

こうして一九一九年一一月、まず東京軽便地下鉄道（一九二〇年三月東京地下鉄道へ改称、高輪南町―浅草公園広小路間、車坂―南千住間）に対して免許が与えられ、二〇年三月には武蔵電気鉄道（目黒―有楽町間）、東京高速鉄道（内藤新宿―大塚間）、東京鉄道（目黒―押上間、池袋―洲崎間、巣鴨―万世橋間）の三社にもすべて免許が下付されました。これらはいずれも東京市区改正委員会で決定した路線計画にほぼ該当しますが、「政党関係その他情実因縁」から「恰《あたか》も、蛸《たこ》の足を一本宛《ずつ》分け与ふるというような総花的免許」（東京地下鉄道『東京地下鉄道史』乾、一九三四年）となりました。

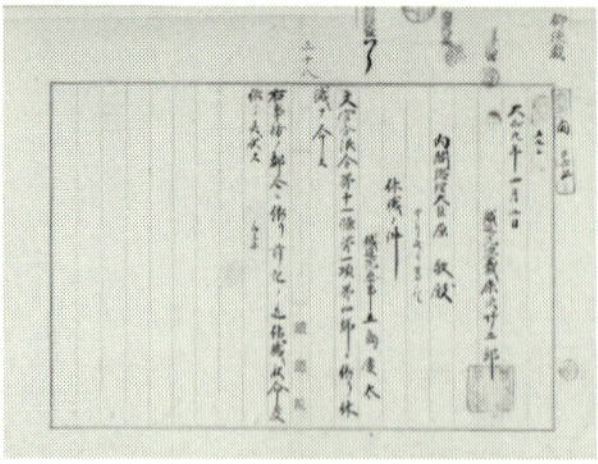
鉄道院休職の裁可書
（1920年4月7日発令、国立公文書館蔵）

鉄道院を退官

ところで、このように東京市内における地下鉄の敷設免許が出そろった直後の一九二〇（大正九）年四月七日、五島は「事務ノ都合（病気）」を理由に休職となり、一五日付で鉄道院を退職しました。そして同月二六日、五島はさきに地下鉄免許を取得した四社の一つである武蔵電気鉄道の常務取締役に早くも就任することになりました。

五島が鉄道官僚の椅子をなげうって民間へ転じた理由としては、「そもそも官吏というものは、人生の最も盛んな期間を役所の中で一生懸命に働いて、ようやく完成の域に達する頃には、もはや従来の仕事から離れてしまわなければならないものだ。若い頃から自分の心に適《かな》った事業を興して、これを育て上げ、年老いてその成果を楽しむことの出来る実業界に比較すれば、こんな官吏生活はいかにもつまらない。」（前掲『七十年の人生』）という後年の述懐を根拠に、官僚の仕事が性分に合わず、ついに嫌気がさした

郷誠之助
（『男爵郷誠之助君伝』）

ためとみなされてきました。しかし、これまでみてきたように、五島は鉄道院という組織の中でくすぶり続けていたわけではなく、むしろ私鉄の監督官という仕事に対して人事異動を拒むほどの自負をもち、地方鉄道法の制定や地下鉄の研究にも積極的に取り組んでいました。実際、武蔵電気鉄道へ移った直後の一九二〇年五月頃、五島は転職を決めたいきさつについて次のように語っています。

「東京市や大阪市の市内電車の輻輳を緩和して、縦令《たとい》僅少なりとも之れが改善を図ることは実に差迫った仕事である。こんな事は平常役所に居る時分からも注意もして居たし研究もして居た。ところが恰《あたか》も本年正月頃から東京市の交通問題に関しては理想の研究よりも実行することを得る機会が到来した。是れ即ち武蔵電気鉄道会社の東京市街に地下鉄道を敷設することゝ同時に経営問題である。僕は武蔵電気鉄道などには入社しようなどゝは一寸予想もして見たことがなかった。然るに或日同鉄道会社の社長《ママ》郷誠之助氏から入社して一骨折って呉れないかとのご相談もあったし、亦《また》石丸鉄道院副総裁（今日では次官）からも一肌脱いでやってはどうかとの御言葉もあったので、熟考を重ねた結果、余輩の理想の仮令《たとい》一部でも実行しやうと云ふことになれば入社すべしと云ふ判断の下に、愈《いよいよ》四月会社の人となった次第である。是れからは研究と実行を同時に着手して行かねばならぬ」（前掲「官吏生活から実業生活へ（二）」）。

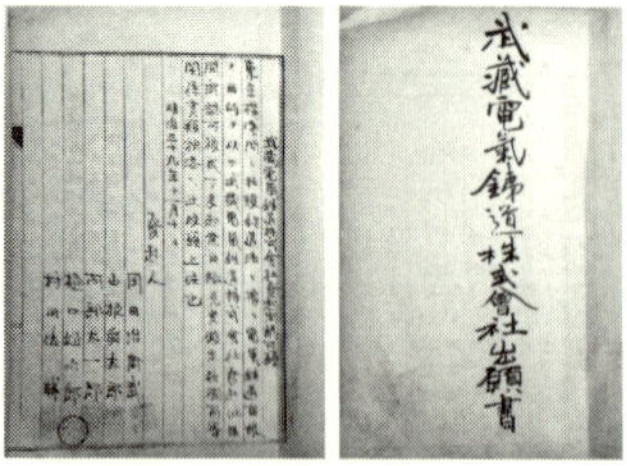

武蔵電気鉄道の仮免許出願書
（1906年11月10日、国立公文書館蔵）

以上によれば、五島は鉄道官僚として取り組んでいた東京市の交通問題、具体的には地下鉄の建設についての「研究」を「実行」へと移せる機会に魅力を感じていたこと、声をかけてきた武蔵電気鉄道に対しては、「鉄道のことは一切原総理とじか取引をするほどの信任」（青木槐三『国鉄繁昌記』交通協力会、一九五二年）を得ていたとされる石丸のバックアップが期待できたことなどがわかります。五島は、官僚の仕事に魅力を感じていなかったわけではなく、そこで培った経験と知識を最も活かせそうな次なるステージに、自ら進んで身を置いたのでした。

二、私鉄経営者への転身

武蔵電気鉄道の特色

五島の新天地となった武蔵電気鉄道の歴史は古く、一九〇八（明治四一）年五月に私設鉄道法にもとづく広尾―平沼間および支線となる調布―蒲田間の仮免許が下付され、一一年一月には同区間の本免許を得ました。その後も新宿へ至る第二支線、横浜市内へ至る第三支線の仮免許・本免許が下付され、一九一三（大正二）年二月には城南鉄道（解散）から軽便鉄道法にもとづく麻布二ノ橋―世田谷間（のちに麻布二ノ橋―広尾間

武藏電鐵進捗
八九月頃起工
武藏電氣鐵道株式會社にては先般市內延長地下鐵道許可ありたるを以て其幹線の延長は横濱日比谷間十九哩一分となり之に支線を加ふれば全長廿八哩一分に及ぶ計畫なるが今般元鐵道院運輸局總務課長五島慶太氏入つて常務取締役となりて經營の任に當ることとなり遲くも本年八九月頃より起工し幹線のみは大正十二年を以て完成せしむる豫定の由なるが工事總費は地上線一哩七十萬圓地下線四百萬圓を要するを以て幹支全線完成には約五千萬圓を要すべし而して該線完成の曉は目下院線電車にて五十二分を要する京濱間を三十三分にて達する急行電車を一日數回往復せしむる由尚同社は右の必要上資本金を三千五百萬圓に增加する計畫なりと云ふ

五島の武蔵電気鉄道入社を報じる新聞記事（読売新聞1920年4月14日朝刊）

へ変更）の免許も譲り受けて第四支線としました。しかし、これらの区間はいずれも着工に至らず、一九一六年七月に第三支線の仮免許が失効し、一七年五月には本線と第一・二支線の本免許も失効しました。

これに対して武蔵電気鉄道では、唯一失効していなかった第四支線の軽便鉄道免許路線を「根拠幹線」として会社を存続させ、失効した私設鉄道の区間を軽便鉄道として即日申請し、一九一七（大正六）年一〇月に免許を得ていました。これは、本来失効となるべき敷設権が事実上延長されたことを意味しますが、ともあれ同鉄道は、東京・横浜という二大都市を結ぶ路線をはじめとする免許線をやや異例の手段を用いて保持し続けている会社でした。

武蔵電気鉄道のいま一つの特色は、都市交通における「万里の長城」に例えられた山手環状線の内側へ乗り入れる路線免許を繰り返し申請していたことです。一九一四年二月に始まる上目黒―有楽町間の免許申請は、隧道や高架橋を用いて東京市内中心部への到達を企図したものでしたが、三度にわたって却下されていました。一九二〇（大正九）年三月一七日にようやく免許を得た目黒―有楽町間の路線は、全線地下式に計画を変更した四度目の出願でした。なお、武蔵電気鉄道の地下鉄免許は既存区間の延長線扱いとなるため、同時に免許を得た東京高速鉄道や東京鉄道に課されたような「合併条項」*が付されていませんでした。長期にわたる地下鉄の独立自営を可能とするこの点も、当然ながら五島は入社の判断材料として重視したと思われます。

以上のような沿革を持つ武蔵電気鉄道の免許路線のうち、五島が何よりも傾注したのは、古くからの経緯を持つ京浜間の本線ではなく、免許が下付されてまもない地下鉄区間でした。常務取締役就任後の抱負を問われた五島は、即座に「武蔵電鉄地下鉄道完成を以て目的として居る」と答え、「今度はお日様に顔見せずに地下斗《ばか》りで土竜《もぐら》とは仲よしになる」とユーモアを交えた決意表明までしています（前掲「官吏生活から実業生活へ（二）」）。さきに東京市内の地下鉄免許を得た四社のうち、「鉄道に対しての達人を有して居るのは目下のところ武蔵電鉄で、他は昨今専門家を物色中」と伝えられる中で、五島は「最初の地下鉄道を疾走せしむるは我社なりとの隠れた抱負を有し」ていたのでした。

もっとも五島が官職を辞して武蔵電気鉄道へ転じた時期は、第一次大戦期から戦後にかけての好景気を終わらせる深刻な恐慌（一九二〇年恐慌）の発生と重なり、地下鉄という巨額の投資を必要とする武蔵電気鉄道の前途は非常に厳しいものとなりました。

田園都市社への参画

武蔵電気鉄道に続いて五島がかかわることになったのが、郊外住宅地の開発・分譲を

地下鉄免許の「合併条項」

東京高速鉄道と東京鉄道は東京市内で地下鉄事業を営むために設立され、その免許線もすべて市域内にあったために、将来における合同統一の可能性を想定した「政府ニ於テ公益上必要ト認メタルトキハ免許ヲ受ケタル者ニ他ノ鉄道又ハ軌道会社ト合併ヲ為スコトヲ命スルコトアルヘシ」（東京地下鉄道『東京地下鉄道史』乾）との条項を加えた上で免許が下付されていた。

田園都市社の分譲地
（1922年頃、『東京横浜電鉄沿革史』）

目的として、一九一八（大正七）年九月二日に設立された田園都市株式会社（以下、本書では「田園都市社」と記す）でした。田園都市社では、渋沢栄一を筆頭とする同社関係者が発起人となって荏原《えばら》電気鉄道という鉄道会社を別途設立し、開発地域への交通手段も独自に整備しようとしていましたが、一九二〇年五月一八日、同鉄道から大井町―調布村間の免許（同年三月六日下付）を譲り受け、定款を改正して鉄道事業を兼営する企業となりました。同年一二月には、上記区間から分岐する碑衾《ひぶすま》村―大崎町（目黒）間の免許も申請し、一九二一年二月一五日に下付されました。

　このようにして田園都市社は鉄道敷設の準備を進めますが、重役陣はいずれも鉄道経営の門外漢でした。そこで同社では、一九二一年四月に相談役へ就任した第一生命保険社長の矢野恒太を通じて適任者を探し、阪神急行電鉄で土地開発を副業とする電鉄事業の実績を有していた同社専務取締役の小林一三を顧問として招聘します。しかし小林も活動拠点をあくまで関西地方に置いていたため、自らの代わりにと推挙したのが官僚から武蔵電気鉄道に転じて間もなかった五島でした（東京急行電鉄『東京横浜電鉄沿革史』一九四三年）。五島は小林から、「君はいま郷さんと一緒に東京横浜間の武蔵電鉄をやろうとしておるが、これはなかなか小さな金ではできないぞ。それよりも荏原《（ママ）》鉄道をさきに敷設し、田園都市計画を実施して、現在田園都市会社が持っておる土地四十五万坪を売ってしまえば、みんな金になるのだから、まずこれをさきにやれ。そして成功し

五島（後列左）の後ろ盾である矢野恒太（前）と、
生涯の友人となった篠原三千郎（後列右）
（1934年、『五島慶太の追想』）

たらその金で武蔵電鉄をやれば良いではないか。おれがとにかく話してやるから……」（前掲『七十年の人生』）との助言を受け、自身も「武蔵電鉄の方はとうてい早急には建設出来ないので、これは先ず小林の云う通り田園都市会社の有する免許線を建設して、それからの事にしよう」と決心しました。もちろん五島は、この鉄道計画について官僚時代に知りうる立場にあったので、事業の前途を彼なりに有望視していたものと思われます。

五島は、矢野や小林を後ろ盾とし、そして一九二二年六月に田園都市社の取締役へ就任した学生時代の同期生・篠原三千郎（筆頭株主・服部金太郎の女婿）を「前の盾」にしながら、鉄道部門の采配をまかされることになりました（同前）。事実、一九二二年の春頃から田園都市社の鉄道事業は、それまでとはやや違う展開を見せはじめます。

たとえば一九二二年五月、田園都市社は当初ターミナルに予定していた大井町では「東京市トノ連絡上迂回線」であるとして、後から免許を得た目黒起点のルートの方を「第一期計画線トシテ直ニ工事ニ着手スル」（田園都市『営業報告書』一九二二年上期）という計画変更を行いました。また、目黒―多摩川間が工事施行認可を得た直後の一九二二年三月には、やはり目黒を起点とする免許を得ていた池上電気鉄道（目黒―大森間、池上―蒲田間）の株式二万株を譲り受ける覚書を同社経営陣と取り交わし、田園都市社の傘下に置く手続きが進められました（『東京急行電鉄五〇年史』一九七三年）。後者に

目黒蒲田電鉄の建設現場を訪れた五島（右から二番目）。小林一三（左から二番目）の姿も見える（1923年初頭、『郷土誌田園調布』）

ついては、その後「池上電気鉄道株式会社ニ於テ否認シタルニ由リ実行不可能トナリ」（田園都市『営業報告書』一九二二年上期）ましたが、東京市内へのアクセスを重視した路線計画変更や、自社と競合する他鉄道を系列下に収めようとする戦略は、その後における五島の鉄道経営のいわば「祖型」ともいえるものでした。

目黒蒲田電鉄の創立

このような一連の出来事を経験した五島にとって一つの節目となったのが、一九二二（大正一一）年九月における田園都市社からの鉄道事業分離と、その受け皿となる目黒蒲田電鉄（資本金三五〇万円）の創立でした。同電鉄は目黒—多摩川間をはじめとする田園都市社の敷設免許を無償譲渡されたほか、さきに五島が常務取締役に就任していた武蔵電気鉄道からも調布—蒲田間の免許を五万円で譲り受けることになりました。発足時における目黒蒲田電鉄の発行株式七万株の九八％（六万八〇〇〇株）は田園都市社が保有しており、同社とは役員もほぼ重複する「全ク異体同心ノ姉妹会社」（田園都市『営業報告書』一九二二年下期）でした。五島の役職は専務取締役でしたが、取締役社長はそもそも鉄道に疎かったとされる田園都市社の歴代トップ（竹田政智、市原求、矢野恒太）の充て職でしたので、五島は実質的に組織を動かせる立場にあったといえます。

目黒蒲田電鉄は、まず田園都市社が工事を進めていた区間に武蔵電気鉄道から免許譲渡を受けた区間の一部を組み込んだ目黒—丸子（現沼部）間を、一九二三年三月一一日に開業しました。残る丸子—蒲田間も同年九月に開業予定でしたが、関東大震災に遭遇したため、一一月一日になってようやく社名にある目黒—蒲田間を全通させました。

開業式当日の目黒蒲田電鉄目黒駅
（1923年3月11日、『東京急行電鉄50年史』）

開業直後の目黒蒲田電鉄洗足駅付近。小さな電車が通り過ぎる横で建設が進むのは、1923年7月に東京市京橋区から移転する田園都市社の社屋（『わが父渋沢秀雄』）

第三章　鉄道事業の発展

一、東京横浜電鉄の成立

地下鉄免許の失効

一方、武蔵電気鉄道は、前述のように調布—蒲田間の敷設権を目黒蒲田電鉄へ譲渡したものの、東京・横浜の二大都市を短絡する本線ならびに東京市中心部へ達する地下鉄という有望な免許線を依然として保持していました。しかし、「苟《いやし》クモ世界有数ノ帝都ト東洋唯一ノ商港トヲ聯結スベキ交通機関ナルガ故ニ最初ヨリ其結構ニ、速力ニ、将タ輸送力ニ、出来得ル限リ強堅完全ノモノタラシメント欲シテ認可ヲ得」（『鉄道省文書　東京横浜電鉄（元武蔵電気鉄道）巻二』国立公文書館所蔵）たと自負する武蔵電気鉄道の計画は、一四二五㎜軌間の採用にみられるように建設仕様が高規格であったうえ、「市内線ノ一部タル中渋谷、有楽町ノ区間ハ地下線ナル為メ殊ニ巨額ノ資金ヲ必要」（『鉄道省文書　東京横浜電鉄（元武蔵電気鉄道）巻三』）とする問題に直面していました。

●鐵道免許失效（監督局）
大正九年三月十七日武藏電氣鐵道株式會社ニ對シ東京府荏原郡目黒村、東京市麹町區有樂町間鐵道敷設免許狀ヲ下付セシニ本區間中東京府豊多摩郡澁谷町、東京市麹町區有樂町間ハ指定ノ期間內ニ工事施行認可申請ヲ爲サザル爲免許ハ其ノ效力ヲ失ヘリ

武蔵電気鉄道・渋谷―有楽町間の免許失効を伝える公告（『鉄道公報』1924年8月30日、鉄道博物館蔵）

免許を獲得した区間の建設費総額は三〇〇〇万円を優に超えていましたが、資本金は一九一七（大正六）年における軽便鉄道指定時の二四五万円から一度も増強されず、しかも払込額は二四年四月末現在で約一〇六万円にとどまっていました。また、引き受け手のない失権株も、発行株数の約一割に相当する四八五〇株に達していました。

武蔵電気鉄道では、一九二〇年恐慌の発生やそれに続く関東大震災を引き合いに出して各免許区間の工事施行や工事認可申請の延期を繰り返し、他方では外資との交渉を含む各種の建設資金調達を模索していたようです。しかし、免許取得からかなりの年月が経過しているにもかかわらず、一九二四年六月三〇日付で同鉄道が鉄道省へ報告した工程表では、祐天寺―多摩川間で用地買収が三〇％進捗している以外はまったく未着手の状態でした（『鉄道省文書　東京横浜電鉄（元武蔵電気鉄道）別冊』）。この間、同鉄道の地下鉄免許取得に一役買った政友会政権は、原首相の暗殺とその後の内部対立で瓦解し、武蔵電気鉄道とのバックアップを約束した石丸重美も一九二三年九月に鉄道省次官の座を降りていました。

地下鉄免許取消の背景
この免許取消の背景には、政友会政権期に党略的立場も加わって与えられた私鉄免許を整理しようとする仙石貢鉄道大臣の意図があり、東京の地下鉄では、武蔵電気鉄道と同時に下付された小田原急行鉄道（旧東京高速鉄道）、東京鉄道の免許も「十把一束的取消の運命」（前掲『東京地下鉄道史』乾）に遭った。

そのような状況にあった一九二四（大正一三）年八月二九日、鉄道省は武蔵電気鉄道が申請していた渋谷―有楽町間の工事施行認可申請の延期願を「近キ将来ニ成業ノ見込ナキモノ」（以下、『鉄道省文書 東京横浜電鉄（元武蔵電気鉄道）巻三』）として却下し、*免許は同日付で失効しました。この措置は、「突如トシテ今回本月三十日付鉄道公報ニ依リ該線免許ノ効力ヲ失ヒタル旨公示相成、驚愕措クトコロヲ知ラサル次第」と武蔵電気鉄道が記しているように、おそらく青天の霹靂であったと思われます。同鉄道では、渋谷―新宿間の路線も工事施行認可申請の延期を願い出ており、渋谷―高島間など工事施行の認可を待っている路線の前途すら危ぶまれる状況となりました。

東京横浜電鉄への改組

武蔵電気鉄道の地下鉄区間は、少なくとも常務取締役の五島にとっては官僚の地位をなげうつに値した「虎の子」の免許であり、簡単に返上するわけにはいかないものでした。したがって、同鉄道では免許失効が公告された八月三〇日中に、渋谷―有楽町間の敷設免許を再申請することになりました。急遽作成された申請書類で目をひくのは、長年の懸案であった増資をはじめとする建設資金の調達方法がきわめて具体的に記されている点です。

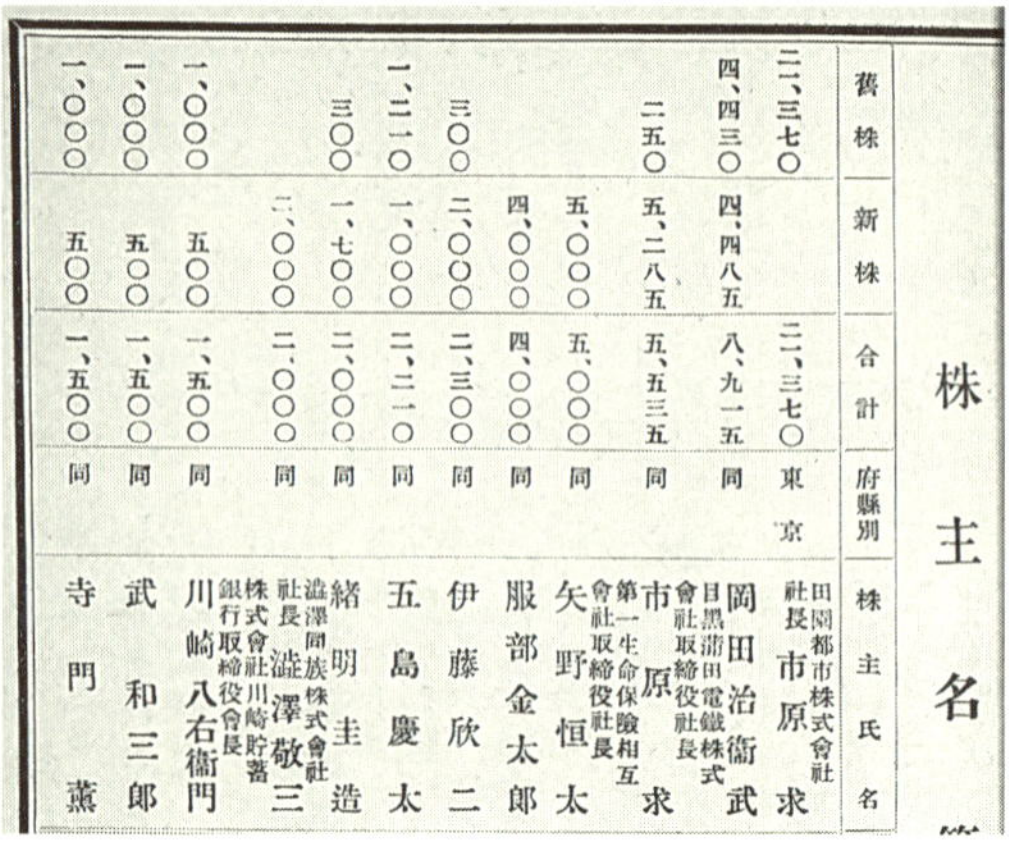

株主名簿

株主氏名	府縣別	合計	新株	舊株
田園都市株式會社社長 市原求	東京	二、三七〇		二、三七〇
目黒蒲田電鐵株式會社取締役社長 岡田治衛武	同	八、九一五	四、四八五	四、四三〇
市原求	同	五、五三五	五、二八五	二五〇
第一生命保險相互會社取締役社長 矢野恒太	同	五、〇〇〇	五、〇〇〇	
服部金太郎	同	四、〇〇〇	四、〇〇〇	
伊藤欣二	同	二、三〇〇	二、〇〇〇	三〇〇
五島慶太	同	二、二一〇	一、〇〇〇	一、二一〇
緒明主造	同	二、〇〇〇	一、七〇〇	三〇〇
澁澤同族株式會社社長 澁澤敬三	同	二、〇〇〇	二、〇〇〇	
株式會社川崎貯蓄銀行取締役會長 川崎八右衛門	同	一、五〇〇	五〇〇	一、〇〇〇
武和三郎	同	一、五〇〇	五〇〇	一、〇〇〇
寺門薫	同	一、五〇〇	五〇〇	一、〇〇〇

東京横浜電鉄改組後の株主名簿（1924年11月30日現在）。法人である田園都市社、目黒蒲田電鉄とその関係者が大株主になった（東京大学経済学部資料室蔵）

まず、増資については、「弊社ノ増資問題モ荏苒《じんぜん》今日ニ及候処、今回漸ク其計画成リ、田園都市株式会社ニ於テ多数株式ヲ引受クルト共ニ、増資新株ニ就テモ有力ナル引受者確定シ、近ク之カ発表ヲ為スヘク目下着々準備中ニ有之候」（以下、『鉄道省文書 東京横浜電鉄（元武蔵電気鉄道）巻三』）と明記されました。また、地下鉄区間と接続する京浜間の本線は、「先ツ荏原郡玉川村多摩川ノ北岸ニ於テ目黒蒲田電気鉄道ト連絡シ、横浜市ニ至ル線路ヲ迅速ニ竣工セシメ、引続キ多摩川、渋谷町間ノ線路ヲ完成シ、之ト同時目黒蒲田電気鉄道ト合併スルコト、シ、既ニ同会社幹部トノ諒解ヲ遂ケ大株主ノ内諾ヲモ得居候」というように、完成へ向けた手順が説明されました。そして、地下線のために高額となる渋谷─有楽町間の建設費は、目黒蒲田電鉄との合併をベースにさらなる増資を行うほか、竣工した本線ならびに目黒蒲田電鉄の「各営業線路ヲ抵当トシテ一時借入金ヲ流用スルコト、セハ、急激ノ払込ニ依ラスシテ容易ニ資本ヲ蒐集《しゅうしゅう》シ得」ると説明されました。目黒蒲田電鉄と田園都市社が全面的に関与することで武蔵電気鉄道の経営改善を図り、地下鉄計画も現実的であることを訴える内容といえますが、当時の経営陣の中で三社にかかわるこのような話を即座にまとめ上げることが可能な人物はいうまでもなく五島だけでした。

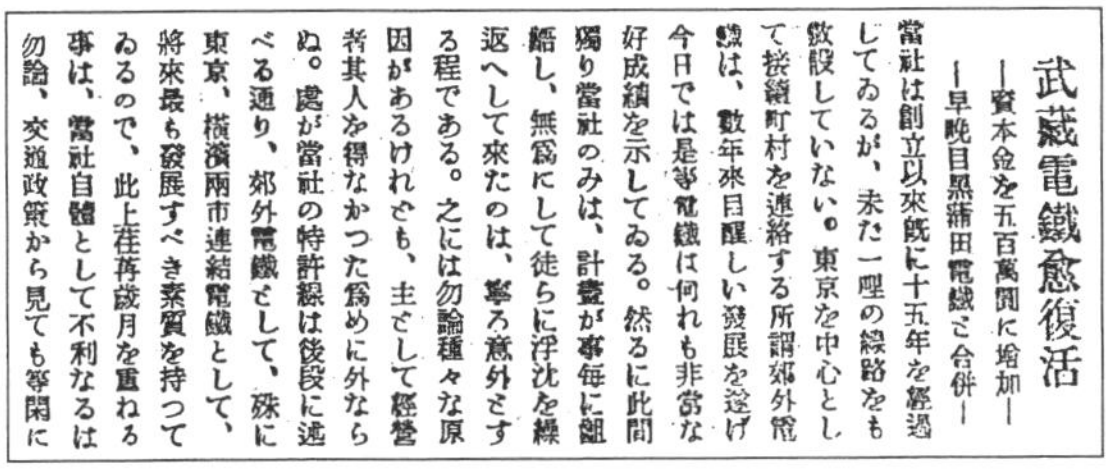
武藏電鐵愈復活
—資本金を五百萬圓に增加—
—早晩目黒蒲田電鐵と合併—

當社は創立以來既に十五年を經過してゐるが、未だ一哩の線路をも敷設していない。東京を中心として接續町村を連絡する所謂郊外電鐵は、數年來目醒しい發展を遂げ今日では是等電鐵は何れも非常な好成績を示してゐる。然るに此間獨り當社のみは、計畫が事毎に齟齬し、無爲にして徒らに浮沈を繰返へして來たのは、寧ろ意外とする程である。之には勿論種々な原因があるけれども、主として經營者其人を得なかつた爲めに外ならぬ。處が當社の特許線は後段に述べる通り、郊外電鐵として、殊に東京、横濱兩市連結電鐵として、將來最も發展すべき素質を持つてゐるので、此上荏苒歳月を重ねる事は、當社自體として不利なるは勿論、交通政策から見ても等閑に

東京横浜電鉄への改組を武蔵電気鉄道の「復活」と報じる雑誌記事（『ダイヤモンド』1924年11月1日）

一九二四（大正一三）年一〇月七日に開催された武蔵電気鉄道の臨時株主総会では、すべての取締役・監査役が辞任し、目黒蒲田電鉄と田園都市社の重役がほぼ兼任する新しい経営陣が選出されました。旧経営陣からは五島だけが再選されて専務取締役に就任し、取締役会長には矢野恒太が就任しました。同月二五日には再び臨時総会が開催され、資本金五〇〇万円への増資、東京横浜電鉄への社名変更と本社の目黒駅前移転（目黒蒲田電鉄本社と同一所在地）などを含む定款改正、新株五万一〇〇〇株の割当方法、議長である五島の指名による矢野恒太の取締役社長選任と五島の専務取締役選任が決定しました。専務というナンバー2の地位にある五島が経営の実質的権限を掌握している点は、目黒蒲田電鉄とまったく同じ体制です。

ところで、武蔵電気鉄道から東京横浜電鉄への改組は、五島が旧経営陣のトップであった会長の郷誠之助やその配下に内密で仕掛けた敵対的買収（三鬼陽之助『五島慶太伝』東洋書館、一九五四年）、あるいは「強盗慶太」の異名で世間を賑わす彼の企業買収劇の最初のケース（中西健一『日本私有鉄道史研究』増補版、ミネルヴァ書房、一九七九年）として理解されてきました。しかし、以上にみてきた通り、この過程は地下鉄免許の失効に端を発する武蔵電気鉄道の存続危機に、常務であった五島が目黒蒲田電鉄および田園都市社との関係を最大限に利用して対処しようとしたものであり、そのスキームも鉄道省にあてた申請書の中でほぼあらかじめ開陳されていたものでした。もち

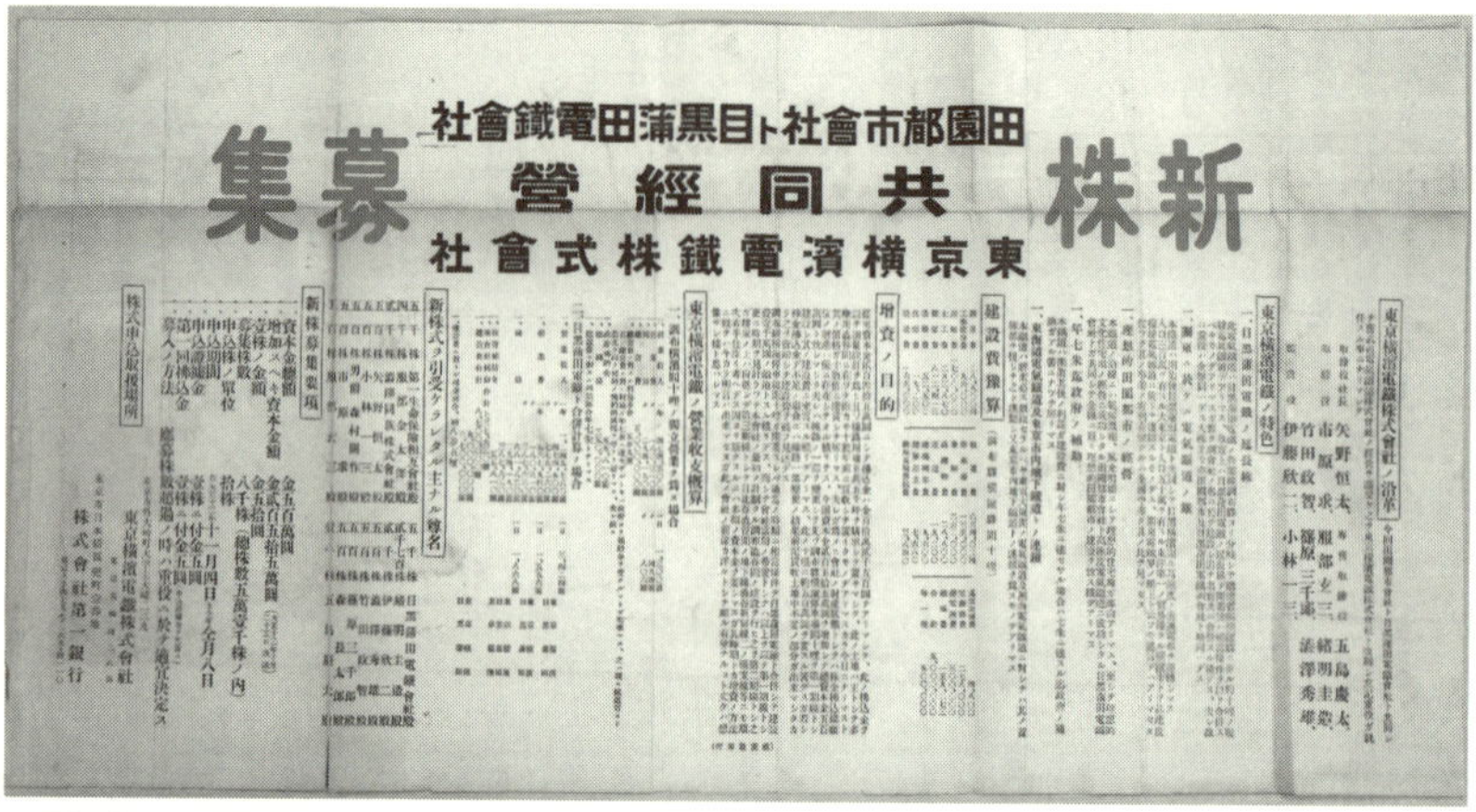

田園都市社・目黒蒲田電鉄との「共同経営」を前面に打ち出した東京横浜電鉄の新株募集広告（国立公文書館蔵）

ろん、この重大な判断が五島に近い限られた関係者だけで決められ、会長の郷らへの報告は事後であった可能性はあります。しかし、それは旧経営陣の大多数が予見していなかった事態に即応せざるをえなかったためともいえ、旧経営陣側がこのような一連の手続きに対して異議申し立てをするような事態も生じませんでした。

京浜間運転の開始

東京横浜電鉄の増資株のうち八〇〇〇〇株は、一九二四（大正一三）年一一月四日から八日にかけて公募されました。その募集広告において東京横浜電鉄は、「事実上ハ目黒蒲田電鉄ノ延長線」で「暫ク別会社ノ名ニ於テ建設シ追テ名実共ニ合併スル積」であること、東京・横浜という二大都市間を短絡するために「開業後目黒蒲田電鉄ト共同シテ目黒横浜間ニ高速度ノ直通電車ヲ運転」すること、沿線においては「理想的文化住宅地ノ経営ニ成功シタル田園都市会社ト高速度電気鉄道ニ成功シタル目黒蒲田電鉄会社

東京横浜電鉄の碑文谷（現学芸大学）駅付近
（1927年頃、『清和　創立三十周年記念特集号』
日本交通協会蔵）

トガ共同シテ全線ニ亘リ理想的田園都市ノ建設ヲ致ス積」であることなど、目黒蒲田電鉄と田園都市社の実績と信用をバックとした経営刷新が強調されました（『鉄道省文書東京横浜電鉄（元武蔵電気鉄道）巻三』）。

他方で、東京横浜電鉄は一九二五年三月、武蔵電気鉄道時代に当局へ届け出ていた工事方法を大幅に見直し、一〇六七㎜軌間への変更、工費節約のための六〇ポンドレールへの変更や転轍機・轍叉の種類統一などを実施しました。軌間の変更はいうまでもなく目黒蒲田電鉄との直通運転のためでしたが、全体としては武蔵電気鉄道創立以来の高コスト体質にメスを入れ、建設費を削減する措置でもありました。この変更によって、予定建設費は第一期区間の多摩川―新神奈川間（一四・四㎞）で四・三％、それに続く渋谷―祐天寺間（二・九㎞）で二・一％、祐天寺―多摩川間（六・〇㎞）で五・八％節減されました。このあと、五島は「私の実地の経験談」として、「電気鉄道事業者の最初に最大の注意を払はなければならぬことは此建設費を出来るだけ少くして、固定資本を少からしめると云ふこと」（五島慶太「電気鉄道の合理化」、『交通事業の合理化』日本交通協会、一九三二年）であると述べていますが、徹底した合理化の追求という信念は、おそらくこの頃に培われたものと思われます。

こうして東京横浜電鉄は、一九二六（昭和元）年二月一四日に丸子多摩川―神奈川間を開通させ、目黒蒲田電鉄を利用した目黒―神奈川間の直通運転も始まりました。翌一

放射状に街路が広がる田園調布駅周辺（昭和初年、『郷土誌田園調布』）

九二七（昭和二）年八月二八日には渋谷―丸子多摩川間が完成し、京浜間の直通運転が自社線内で可能となりました。高島町にあった国有鉄道横浜駅（二代目）との接続は、折からの同駅移転の影響を受けて設計変更を余儀なくされ、東海道本線を乗り越えて横浜市中心部へ向かう神奈川―横浜（三代目横浜駅使用開始後、本横浜へ改称）間の開業は一九二八年五月一八日にずれ込みました。

渋谷―新宿間など、武蔵電気鉄道時代に得ていた他の路線免許も、東京横浜電鉄への改組が功を奏して何とか失効を免れました。しかし、五島が最も重視していた地下鉄の再申請は、市内における地下鉄の統一を企図する東京市が一九二五年五月一六日に四路線・総延長六六・八㎞の免許を得たことから、同年六月二七日に却下されました。

なお、一九二八年五月五日、目黒蒲田電鉄はその母体である田園都市社を、当初計画していた宅地開発・分譲事業が一段落したという理由で吸収合併しました。これにともなって両社の社長を兼ねていた矢野恒太は同月七日に辞任し、以後社長のポストは空席となって、五島が専務取締役のまま代表権を持つことになりました。東京横浜電鉄でも同日付でまったく同じ改組が行われ、五島は互いに密接な関係を持つ両電鉄を名実ともに代表する経営者の座につきました。

二、路線拡張の障壁

東京郊外における私鉄免許の濫発

目黒蒲田電鉄では一九二〇年代半ば以降、社名にある目黒―蒲田間に続く路線の建設に着手しました。延伸工事はまず、田園都市社から免許を継承した大井町―大岡山間から始まり、一九二四（大正一三）年七月にはそれに接続する奥沢―瀬田河原（二子玉川）間の免許を新たに申請しました。また、一九二六年五月には大井町―鮫洲《さめず》間、同年六月には武蔵新田《むさしにった》―蛇窪《へびくぼ》（のちに荏原町へ変更）間の免許を相次いで申請し、二九年三月には沖ノ谷―上町《かみまち》間の免許も出願しました。

姉妹会社である東京横浜電鉄でも、ほぼ同じ時期に全線の開通を見越した延伸計画が浮上し、一九二五年三月に日吉―鶴見間、二六年七月に高島町―鎌倉間、八月に渋谷―中野間、祐天寺―駒沢間の免許を申請しました（**表1**）。

しかし、以上の計画路線の実現は必ずしも容易ではありませんでした。ほぼ同様の区

表１ 目黒蒲田電鉄・東京横浜電鉄の郊外延伸計画

社名	申請年月	区　間	距離	軌間	免許の可否
			km	mm	
目蒲	1924年 7月	奥沢a)－瀬田河原	4.6	1,067	免許（1927年12月）
東横	1925年 3月	日吉－鶴見	6.1	〃	却下（1928年10月）
目蒲	1926年 5月	大井町－鮫洲	0.9	〃	却下（1929年10月）
〃	〃 6月	武蔵新田－荏原町	5.2	〃	却下（1928年11月）
東横	〃 7月	高島町－鎌倉b)	21.7	〃	免許（1927年12月）
〃	〃 8月	渋谷－中野	7.7	〃	却下（1929年10月）
〃	〃	祐天寺－駒沢	3.3	〃	却下（1929年5月）
目蒲	1929年 3月	沖ノ谷－上町	5.0	〃	却下（1929年10月）
〃	1931年 7月	自由ヶ丘－成城学園前	7.4	〃	免許（1934年7月）
東横	1936年12月	祐天寺－成城学園前	9.0	1,435	申請書返戻（1944年8月）
〃	1938年 5月	渋谷－祐天寺	2.5	〃	申請書返戻（1944年8月）

出典：『鉄道省文書』各巻（国立公文書館所蔵）より作成。
注１）「目蒲」は目黒蒲田電鉄、「東横」は東京横浜電鉄。
　２）a)1928年4月13日、起点を大岡山へ変更。b)免許区間は高島町－桜木町（0.8km）。

表２ 目黒蒲田電鉄・東京横浜電鉄と競願関係にあった私鉄

社　名	申請年月	区　間	距離	軌間	免許の可否
			km	mm	
東京山手急行電鉄a)	1921年 9月	大井町－洲崎	42.6	1,067	免許（1927年4月）
	1927年10月	＊大井町－滝野川	15.5	〃	却下（1934年2月）
東京地下鉄道	1925年 5月	＊三田－池上b)	9.5	1,435	免許（1928年5月、29年5月）
京浜電気鉄道	1926年 5月	蒲田－五反田	7.7	1,435	免許（1928年5月）
	〃 9月	＊五反田－札ノ辻	3.0	〃	却下（〃）
池上電気鉄道	1926年 5月	上大崎－白金	1.2	1,067	免許（1926年12月）
	〃 7月	戸越－三軒茶屋	5.1	〃	却下（1929年5月）
	1927年 3月	雪ヶ谷－調布	1.6	〃	免許（1927年12月）
	〃 6月	調布－国分寺	20.9	〃	免許（1927年12月）
	〃 12月	池上－荏原中延	4.5	〃	免許（1928年11月、池上－荏原町間のみ）
	1929年 5月	雪ヶ谷－丸子渡	1.1	〃	却下（1930年10月）
	1930年12月	雪ヶ谷－丸子渡	1.1	〃	却下（1931年6月）
	1932年 3月	雪ヶ谷－丸子渡	1.1	〃	申請取下（1934年10月）
目黒玉川電気鉄道	1926年 8月	目黒－多摩川 清水－役場前	9.8	1,067	免許（1927年4月、目黒－多摩川間のみ）
	〃 11月	多摩川－鎌倉	37.7	〃	却下（1927年12月）
	1928年 8月	清水－駒沢	3.3	〃	免許（1929年5月）
金町電気鉄道c)	1927年11月	鶴見－金町	58.5	1,067	免許（1928年2月、6月）
鎌倉急行電気鉄道	1928年 1月	渋谷－鎌倉 玉川－新宿	58.3	1,067	免許（1929年6月、渋谷－鎌倉間のみ）
	1929年10月	＊渋谷－万世橋	9.6	〃	却下（1934年2月）

出典：『鉄道省文書』各巻（国立公文書館所蔵）より作成。
注１）目黒蒲田電鉄および東京横浜電鉄と競合する区間のみ掲出。区間の＊印は地下線。
　２）a)1930年1月に東京郊外鉄道へ改称、33年1月に帝都電鉄へ再改称。
　　b)地下線は三田－五反田間のみ。c)1928年9月に大東京鉄道へ改称。

間、あるいは両電鉄の地盤にくさびを打ち込むかのような区間の免許を申請する競願者が出現したためです。該当したのは、東京山手急行電鉄（一九三〇年一一月東京郊外鉄道へ改称）、東京地下鉄道、京浜電気鉄道、池上電気鉄道、目黒玉川電気鉄道、金町電気鉄道（二八年九月大東京鉄道へ改称）、鎌倉急行電気鉄道の各社で、許認可権を握る監督当局の判断次第では、両電鉄の輸送市場が脅かされる可能性をはらんでいました（**表2**）。

目黒蒲田電鉄ならびに東京横浜電鉄は、当然ながら競合する私鉄の出願情報に対して敏感に反応しました。たとえば、京浜電気鉄道による五反田への延長線出願を聞きつけた目黒蒲田電鉄は一九二六年一一月、東京横浜電鉄と連名で、「若《も》シ本延長線ニシテ御許可相成候暁ニ於テハ、横浜駅五反田間ニ高速度直通電車ヲ運転スルニ至ルヘク、従ッテ当社ノ目黒横浜間及渋谷横浜間ノ線路ニ対シ非常ナル競争ヲ惹起《じゃっき》スルニ至ルヘキハ明カ」であるとして、「何卒蒲田梅屋敷五反田間ノ京浜電気鉄道延長線ノ出願ニ対シテハ不許可ト相成様御取計相願度」と、当局に申し入れました（以下、『鉄道省文書 京浜電気鉄道 巻一』）。そして、今後もこのような出願が繰り返されないよう、「御省東海道線海岸側ハ京浜電車ノ勢力範囲トシ、山ノ手側ハ当社ノ勢力範囲トスル事ニ御決定被成下度」というように、従来からの「勢力範囲」を尊重しつつその相互不可侵を保障するべきとの提案も行われました。

しかし、さきにみたような多数の出願にもかかわらず、両電鉄が一九二〇年代末まで

図1　東京西南部における私鉄免許の競合(1930年)

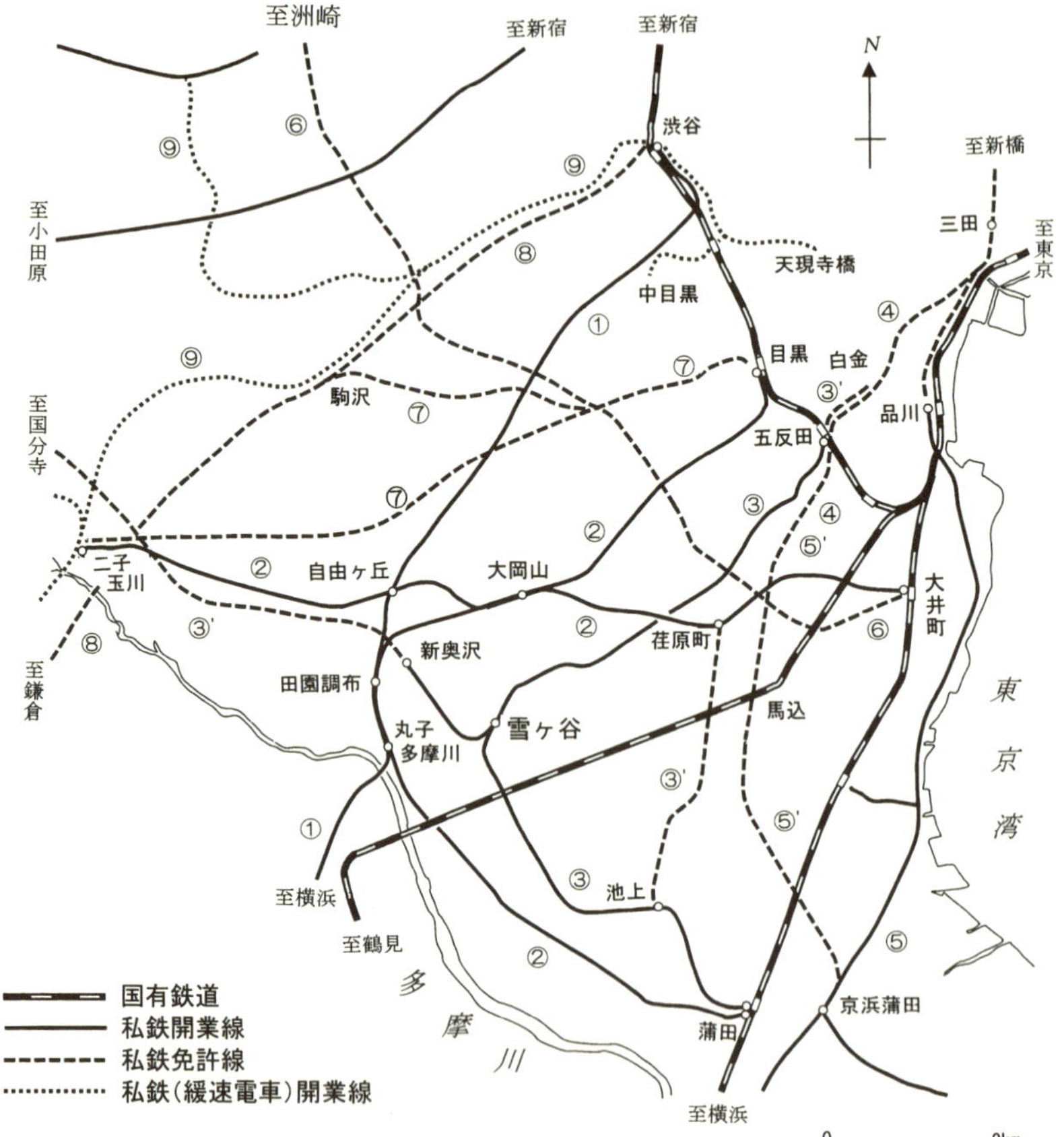

① 東京横浜電鉄
② 目黒蒲田電鉄
③ 池上電気鉄道
③' 池上電気鉄道(免許線)
④ 東京地下鉄道
⑤ 京浜電気鉄道
⑤' 京浜電気鉄道(免許線)
⑥ 東京山手急行電鉄(免許線)
⑦ 目黒玉川電気鉄道(免許線)
⑧ 鎌倉急行電気鉄道(免許線)
⑨ 玉川電気鉄道

注) 東京市電は省略。東京山手急行電鉄の免許線は経路変更(1929年10月)後のもの。東京地下鉄道と京浜地下鉄道の免許線が並行する五反田—馬込間は、前者による建設のもとで後者が乗り入れる申し合わせが成立(1930年5月)。

に免許を得られたのは、目黒蒲田電鉄の奥沢（一九二八年四月起点を大岡山へ変更）―瀬田河原間（四・六㎞）と、湘南電気鉄道との関係で免許区間が出願時よりも大幅にカットされた東京横浜電鉄の高島町―桜木町間（〇・八㎞）のみでした（表1）。これに対して競願関係にあった私鉄各社は、一社当たりの出願件数からみてかなり高い確率で免許が与えられ（表2）、東京西南部には、目黒蒲田電鉄や東京横浜電鉄の開業線と並行する、あるいはそれらを串刺しにするような他社線が多数出現する状況になりました（**図1**）。このような免許の多くは、「鉄道始まって以来の免許振りで空前の積極主義」（清水啓次郎『私鉄物語』春秋社、一九三〇年）と評された田中義一内閣の小川平吉*鉄道大臣の下で与えられていました。政友会の特色である「蛸の足を一本宛分け与ふるというような総花的免許」は、そもそも五島が官僚を辞めて民間の鉄道経営者となるきっかけをつくったともいえますが、このときは目黒蒲田電鉄や東京横浜電鉄の路線拡張を掣肘し、競願関係にあった私鉄各社を利するという皮肉な巡り合わせとなりました。

五島の免許行政批判

かつての鉄道官僚時代、監督当局としてなすべき規制や秩序に留意していた五島にとって、このような免許の濫発は憤懣やる方ないものでした。一九二八（昭和三）年八

小川平吉
（一八六九～一九四二）
政治家。立憲政友会の創立に参加後、一九〇三年より衆議院議員に計一〇回当選。党幹事長などを歴任した後、一九二五年に護憲三派内閣の司法大臣へ就任、二七年には田中義一内閣の鉄道大臣となる。一九二九年、私鉄疑獄事件に連座して収監（のち有罪判決）。大陸問題への発言も活発であった。

池上電気鉄道の五反田駅
（『東京横浜電鉄沿革史』）

月、五島は「当地方ヲ見ルニ電車六線ノ外鉄道省大崎鶴見間ノ貨物線アリ、全ク蜘蛛《くも》網ノ如ク其ノ間隔半哩《マイル》ニ足ラス東京市内ノ電車線ヨリモ密ニシテ、全国中斯クノ如ク複雑錯綜セル電車線ヲ有スル所ハ他ニナカルヘシ」（以下、『鉄道省文書 東京横浜電鉄（元目黒蒲田電鉄）巻五』）と、その無秩序ぶりを指摘する文書を当局へ提出しました。とりわけ、一九二七年一二月に池上電気鉄道へ与えられた雪ヶ谷―調布―国分寺間の免許については、「当社ノ免許線大岡山二子玉川線ノ如キ池上電鉄ノ国分寺線ニ比シテ二年十箇月余ノ先願ニシテ又玉川村ハ当社ノ全然勢力範囲ナルニモ拘ラス、当社ノ目黒本線ヲ奥沢ニ於テ乗越シテ池上電鉄ニ対シ池上、国分寺間ノ延長線ヲ免許セラレ、後ニ至リ当社ノ二子玉川線ヲ免許セラレタ」と問題視し、「元来玉川村ノ交通トシテハ当社ノ大岡山二子玉川延長線一本アラハ充分ナリ、此ノ外目黒玉川線、池上電鉄国分寺線アリ、三社無要《〔ママ〕》ノ競争ヲ為シツツアリ、之レ全ク国家的見地ヨリスレハ資本ノ三重消費ナリ」と、当局の免許行政を強く批判しました。池上電気鉄道は、一九二八年一〇月五日に前記免許の一部をなす雪ヶ谷―新奥沢間（一・四㎞）を開業し、その後も目蒲電気鉄道からの乗客転移を企図した雪ヶ谷―丸子渡間の免許申請を三度も行うなど、「勢力範囲」への割り込みを執拗に繰り返していました（表2）。

よく知られているように、五島が経営する目黒蒲田電鉄・東京横浜電鉄は、沿線における「固定人口植付策」として、旧田園都市社の事業を継承した宅地の開発・分譲や、

日吉に移転した慶應義塾予科
（『東京急行電鉄50年史』）

東京市内の学校誘致（東京高等工業学校、慶應義塾大学予科）、沿線耕地整理組合との関係強化などを積極的に行っていました（前掲「電気鉄道の合理化」、耕地整理組合との関係については、高嶋修一「戦間期都市近郊における土地整理と地域社会―東京・玉川全円耕地整理事業を事例として―」、『歴史と経済』第一八〇号、二〇〇三年七月を参照）。五島は、鉄道そのものへの投資以外にも「電気鉄道業者は随分色んなことをしなければならぬのであり……さうして沿道住民は此会社の沿線に住むことを絶対必要とし、又一種のプラウドと感ずるに至らしめなければ本当でない」（前掲「電気鉄道の合理化」）と考えていました。他の鉄道が「勢力範囲」に路線を建設することは、そのような経営努力の成果を横取りされるに等しかったのです。

戦時交通統制との連続性

ところで、当局の免許政策を批判する五島の主張で注目すべきいま一つの点は、「交通機関ノ体系上ヨリ云フモ、資本ノ二重消費ヲ避ケントスル国家的見地ヨリスルモ、又会社自体ノ営業政策上ヨリ見テモ、池上電鉄ト目蒲電鉄、又東横電鉄ト湘南電鉄ノ如キハ当然合併スヘキモノナリト信ス、……斯クノ如ク百利アリテ一害ナク、又誰カ見ルモ当然合併スヘキ両電鉄ニ対シテハ、政府ハ宜シク積極的手段ヲ講スヘキナリ」（『鉄道省

五島（左から四人目）を社長に
選任した玉川電気鉄道の重役会
（1936年10月、『五島慶太の追想』）

文書　東京横浜電鉄（元目黒蒲田電鉄）巻五』）と、競合する私鉄に対する政府の合併政策を求めていた点です。五島はその一例として、免許状と近隣路線の買収をリンクさせるという方法を提案しますが、当局がこれを検討した形跡はなく、黙殺されたものとみられます。

東京横浜電鉄が湘南電気鉄道に対して、目黒蒲田電鉄が池上電気鉄道に対して、それぞれ敵対的買収を仕掛けるのは、この後のことでした。前者は京浜電気鉄道をも巻き込んだ阻止行動によって成功しませんでしたが（小風秀雅「戦間期における京浜電鉄の路線拡張戦略―東京横浜電鉄との競合を軸として―」、『市史研究よこはま』第五号、一九九一年三月）、後者は一九三三（昭和八）年七月に五島が代表権を持つ専務取締役に就任して経営を掌握し、三四年一〇月一日に合併を実現しました。旧池上電気鉄道が行っていた雪ヶ谷―丸子渡間の免許申請は、目黒蒲田電鉄による経営掌握および合併によって同年一〇月四日に取り下げられ（『鉄道省文書　東京横浜電鉄（元目黒蒲田電鉄）巻九』）、もはや存在価値のなくなった雪ヶ谷―新奥沢間も翌三五年一一月三〇日に廃止されました。一九三六年一〇月にやはり五島が取締役社長の座につき、三八年四月一日に東京横浜電鉄に合併される玉川電気鉄道も、目黒玉川電気鉄道という別会社で免許を取得して目黒蒲田電鉄・東京横浜電鉄の「勢力範囲」に挑んだ経緯があり、兼業の乗合自動車路線を含め、両電鉄にとっては攪乱要因となりかねない事業者でした。

東京横浜電鉄の渋谷駅。背後の白い建物は開店したばかりの東横百貨店（1934年9月、『五島慶太の追想』）

以上のような事業者統合は、一般に想定されているような五島の「事業拡大欲」や「野望」に単純化できない、一九二〇年代半ば以降の歴史的経緯を踏まえた上での行動でした。それは、当時の裁量的な免許行政の下で路線の延伸を阻まれ、かつ自社の歴史的な「勢力範囲」も尊重されず、他方で監督官庁による調整・再編にも期待することができない状況にあった五島に残された、ほぼ唯一の選択肢であったように思われます。

しかし、「最も重要なるものは資本の二重投下を避け、他の交通事業者の競争を絶対的に防止し、営業費を極力節約するに在り。而して之を行はんとせば鉄道軌道の大合同をなすの他其の途なし」（五島慶太「大東京市に於ける交通政策私見」、『都市公論』第一五巻第一〇号、一九三二年一〇月）という五島の考え方は、一定の範囲の地域内における鉄道事業者の排他的独占の保障とほぼ同義であり、その合理的側面への信頼はこの後で登場する戦時交通統制との連続性を持つものでした。

三、その後の東京市内乗入れ計画

東京市内延長線の出願と東京高速鉄道の成立

すでに述べたように、五島が官僚から私鉄経営者へ転じる契機でもあった地下鉄によ

表３　目黒蒲田電鉄・東京横浜電鉄の東京市内乗入計画

社名	申請年月	区　間	距離	軌間	免許の可否
			km	mm	
東横[a)]	1924年 8月	＊渋谷－有楽町	6.2	1,435	却下（1925年6月）
目蒲	1925年 4月	目黒－新恵比寿	1.9	1,067	却下（1929年10月）
東横	1926年 4月	本村町－田町	1.6	〃	却下（1929年10月）
〃	〃 9月	＊渋谷－東京	8.0	〃	
目蒲	〃	＊目黒－上槇町（東京）	9.2	〃	却下（1934年2月）
東横	1928年 9月	渋谷－巣鴨	9.4	〃	
〃	1929年 5月	＊二ノ橋－東京	4.8	〃	却下（1935年1月）

出典：『鉄道省文書』各巻（国立公文書館所蔵）より作成。
注１）「目蒲」は目黒蒲田電鉄、「東横」は東京横浜電鉄。区間の＊印は地下線。
２）a)出願時は武蔵電気鉄道。

る市内延長計画は、東京市が旧武蔵電気鉄道の失効区間を含む四路線の免許を一九二五（大正一四）年五月に取得したことによって阻まれますが、その一方で、市による地下鉄建設も財政事情からみてきわめて困難であるという見方が大勢となっていました。こうした状況の中で一九二六年八月二七日、大倉組の門野重九郎を発起人とする東京高速鉄道（第２次、以下同じ）は、東京市の地下鉄免許線すべての「代行建設」を出願し、東京地下鉄道もそれに対抗する形で同月三〇日に同様の出願を行いました（前掲『東京地下鉄道史』乾）。

五島が率いる東京横浜電鉄と目黒蒲田電鉄が渋谷—東京間、目黒—上槇町（東京）間の地下鉄免許を相次いで申請したのは、それから間もない一九二六年九月のことです（**表３**）。両電鉄による計画は、「仄聞《そくぶん》スル処ニ依レハ東京市ハ事業資金調達ニ付困難ナル事情アリ、随テ敷設権ヲ放棄スルノ已ムナキニ至ルヤモ」（以下、『鉄道省文書　東京横浜電鉄（元目黒蒲田電鉄）巻九』）というように、東京市の免許放棄を想定している点では東京高速鉄道や東京地下鉄道の申請と類似していますが、いずれも軌間は市の計画にあった一四三五㎜ではなく一〇六七㎜となっており、既存の東京横浜電鉄や目黒蒲田電鉄との直通運転を意識していました。とりわけ、武蔵電気鉄道以来の因縁を持つ東京横浜電鉄の申請書では、「弊社ノ使命カ交通頻繁ナル東京横浜ニ大都市間ヲ高速度電車ヲ以テ連絡スルニアルヲ以テ、其性質上起終両端ハ必スヤ両都市ノ中央部ニ在ルヲ要スル次第ニ有之候。若シ夫レ斯ノ如ク完全ナル中央連絡ヲ計ルコトヲ得サルモノトセハ本会社ノ使命ノ大半ハ失ハレ、既ニ投シタル郊外線建設費壱千壱百万円ハ無意義ノモノトナル次第ニ有之候」というように、郊外電鉄が市内中心部へ乗り入れることの重要性が強調されており、単なる市の「代行建設」にとどまらない構想となっていました。

何とか市営方針を堅持しようとする東京市に対して、東京高速鉄道の発起人は競願者である東京地下鉄道の重役を取り込みつつその後も出願を繰り返し、結局建設資金となる公債の発行をどうしても実現できなかった東京市は、一九三一年一二月八日に渋谷―東京間と淀橋町―築地間の免許を東京高速鉄道発起人へ譲渡しました（一九三二年一〇月一日鉄道省認可）。この決定を受けて一九三四年二月一四日、東京横浜電鉄の申請は東京高速鉄道と重複するとして却下され、目黒蒲田電鉄の申請も、東京市がなお保持する免許区間に当たるということで、その後東京横浜電鉄が追加申請した渋谷―巣鴨間とともに同日付で却下となりました。

もっとも、東京市から免許の一部を譲り受けた東京高速鉄道もまた、所定の期日（一九三三年九月末）までに会社を設立することが困難となり、一年間の期限延長を求めるなど、その帰趨はなお流動的な状況に置かれていました。結局、発起人代表の門野から相談を受けた第一生命社長（目黒蒲田・東京横浜両電鉄の元社長でもあった）の矢野恒

工事中の東京高速鉄道を視察する五島（前列右端）
（1938年、『五島慶太の追想』）

図２　東京高速鉄道と直通する東京横浜電鉄の渋谷―成城学園前間計画
（東京横浜電鉄『営業報告書』第56回、1938年上期）

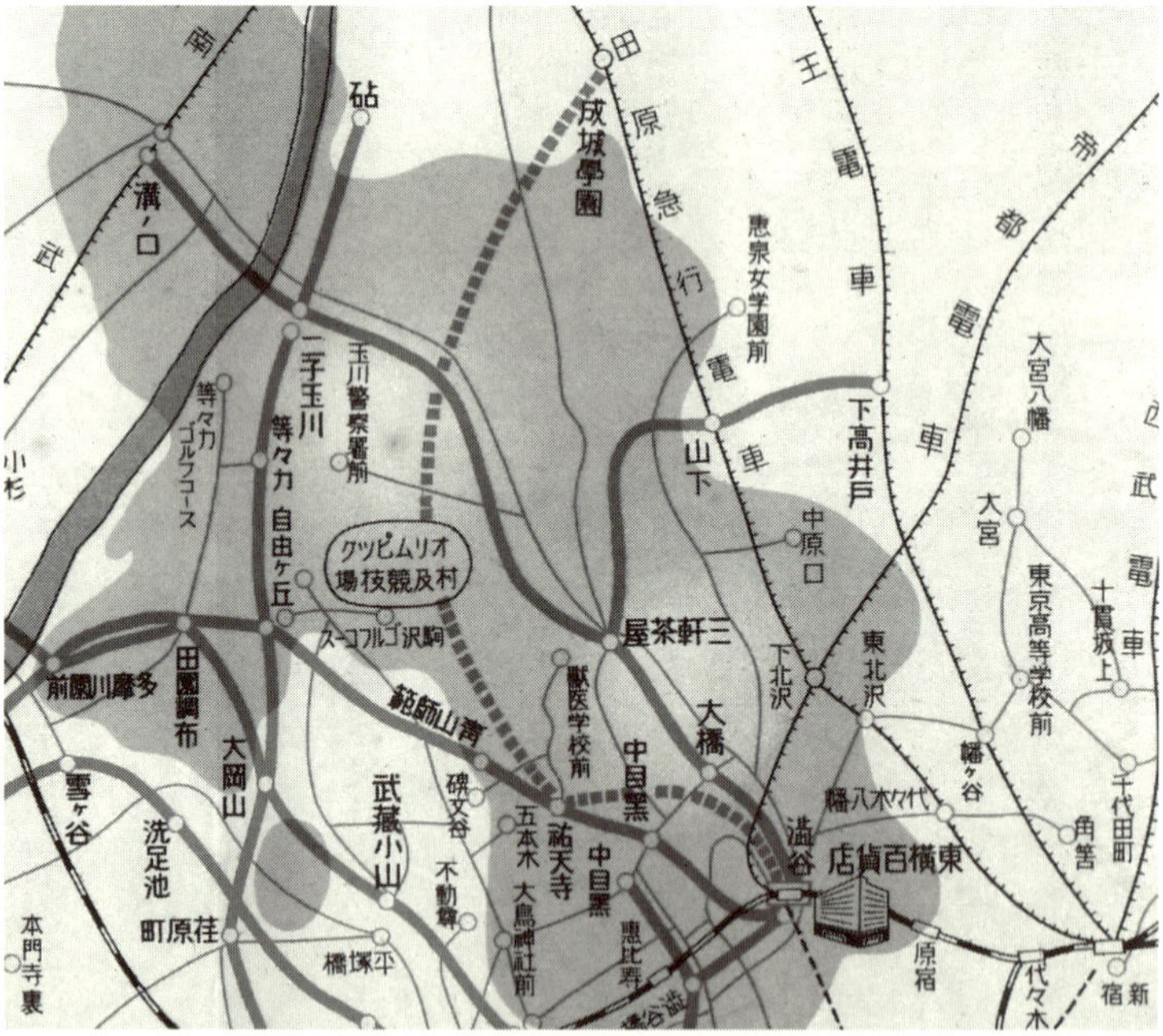

オリンピック東京大会の主競技場、競泳場などに予定されていた駒沢会場の完成予想図（『報告書』第12回オリンピック東京大会組織委員会）

太が五島を推挙することになりました。免許の競願で東京高速鉄道に敗れたばかりの五島は一転、同社の経営にかかわることになったのです（前掲『東京急行電鉄五〇年史』）。

「直通運転」の模索

こうして五島は、一九三四（昭和九）年九月五日に設立をみた東京高速鉄道の常務取締役となりますが、同鉄道はあくまで東京市が計画した地下鉄の「代行建設」を主眼としており、東京横浜電鉄や目黒蒲田電鉄との直通運転はできない「間接的な市内延伸」（前掲「戦間期における京浜電鉄の路線拡張戦略」）ともいうべき路線でした。

このような状況にあって注目したいのは、東京横浜電鉄が一九三六（昭和一一）年一二月一二日に出願した祐天寺―成城学園前間、ならびに三八年五月五日に出願した渋谷―祐天寺間の路線計画です（以下、『鉄道省文書　東京横浜電鉄　巻一三』、『東京急行電鉄　自昭和一九年至昭和二四年』）。いずれも東京横浜電鉄の開業線とは異なる一四三五㎜軌間で計画され（表1）、起点となる渋谷駅は東京高速鉄道と直結する位置に描かれていました（図2）。

興味深いのは、成城学園前へ達するルートが単なる郊外開発のみならず、一九三八（昭和一三）年三月から四月にかけて「東京市ニ開催セラルル第十二回国際オリムピック大会ノ主要競技場、競泳場及オリムピック村等カ同社沿線駒沢ニ決定セラレ」たことを受け、「其観衆ノ大量輸送」に資する路線と位置づけられていた点です。図2に掲げた地図でも、その経由地には、「オリムピック村及競技場」が大きく書かれていました。このとき東京横浜電鉄は、競技場の建設費として一〇〇万円を東京市に寄付し、競技場用地の取得ならびに賃借のために地主との交渉役を務めるなど、オリンピック会場の整備全般に深くかかわる姿勢を見せていました（『第一二回オリンピック東京大会東京市報告書』東京市役所、一九三九年）。なお、姉妹会社である目黒蒲田電鉄は、一九三四年七月に自由ヶ丘―成城学園前間の免許を取得していましたが、この計画のためなら免許を返上したいとの申請を一九三八年六月に行い、その実現を側面から支援しました。

以上のように、東京横浜電鉄が申請した渋谷―祐天寺―成城学園前間の路線は東京高速鉄道との直通運転を想定し、オリンピック東京大会（一九四〇年）の円滑な観客輸送をも視野に入れて、郊外と市内中心部を乗換えなしで結ぶことを目論んだものでした。ちなみに、このときのオリンピック招致にＩＯＣ委員の一人として尽力したのは、偶然にも五島の高等師範学校時代の恩師である嘉納治五郎でした（一九三八年五月四日、ＩＯＣ総会からの帰国途上で死去）。五島は東京高速鉄道の経営を任されてからも「代行建設」的な地下鉄に飽き足らず、自身が長年にわたって構想してきた郊外地域との直通運転をなおも模索し続けていたといえるでしょう。

東京高速鉄道における五島の活動といえば、新橋駅における東京地下鉄道との直通運転をめぐる問題や、それに端を発して「強盗慶太」の異名を広く世間に知らしめることになった同社をめぐる株式争奪戦がただちに想起されますが（前掲『五島慶太伝』）、彼がそれほどまでに都心である銀座・日本橋方面への直通運転に執念を燃やしたのは、このような郊外区間との直通運転計画を念頭に置いていたためとも思われます。一方、東京地下鉄道取締役社長の早川徳次*は、かねてから「郊外電車の地下式乗入れの問題は、将来東京市の交通政策の一大障碍となるべきもの」（早川徳次「郊外電車の地下式市内乗入論を排す」、『帝国鉄道協会会報』第二八巻第二号、一九二七年三月）と考えており、それは「無理解」とすら思えるほどかたくななものでした。したがって、両者の対立は最終的に早川の社長退任という雌雄を決するところまで行き着かざるを得なかったのです。

早川徳次
（一八八一～一九四二）
日本における地下鉄の創始者。山梨県生まれ。早稲田大学卒業後、南満州鉄道総裁秘書、鉄道院勤務を経て郷里の先輩根津嘉一郎のもとで鉄道経営の実務を積む。一九一四年の渡欧時に見た地下鉄の事業化を決意し、一九二〇年に東京地下鉄道を設立。資金および技術面での困難を克服して、一九二七年に上野―浅草間を開通させた。

第四章　戦時から戦後へ

一、東京急行電鉄の成立

「交通調整」の進展

一九三八（昭和一三）年四月、「公益ノ増進ヲ図リ陸上交通事業ノ健全ナル発達ニ資スル」ことを目的とする陸上交通事業調整法が、前年の日中戦争勃発を契機とする経済統制の強化を背景として制定されました。同法にもとづく「交通調整」は、さしあたり東京市およびその周辺地域から実施することが決定し（一九三八年九月）、交通事業調整委員会ならびにその下に設置された特別委員会、小委員会で検討されることになりました。約二年間におよぶ審議を経て一九四〇年一二月にまとめられた調整案は、①東京市の旧市域（山手線品川、新宿、池袋、赤羽以東、荒川放水路以西の地域）を範囲とする「小合同」とし、路面交通については東京市、地下鉄については新たに設立される特殊法人が一元的に経営する、②旧市域外については中央本線、東北本線、常磐線を境界とする四つのブロックに分かち、「事業ノ合同其ノ他適当ナル方法ヲ以テ調整スル」というものでした（野田正穂・老川慶喜監修『戦間期都市交通史資料集』第一巻、丸善、二〇〇三年）。

この過程に五島は臨時委員、特別委員会委員としてかかわり、鉄道事業者としての立場から積極的に意見を述べました。激しい「争奪線」まで経験した地下鉄の経営は早くも五島の手を離れ、一九四一年九月一日より帝都高速度交通営団*へ移されますが、「本決定案は、私が年来主張し来ったこと、殆んど全く同一内容である。本案こそは帝都交通統制案としては最善のものであって、現下緊迫せる臨戦環境に処して、帝都及其の附近に於ける交通難を打開する礎石である」「帝都交通統制の臨戦的意義と交通問題の解決」、『都市公論』第二五巻第一号、一九四二年一月）というように、委員会の結論は彼にとって大いに満足のゆくものだったようです。

帝都高速度交通営団
戦時統制のために設置された経営財団（営団）の一つ。東京市およびその周辺における地下鉄の事業主体として東京地下鉄道、東京高速鉄道の路線と、両社、東京市、京浜地下鉄道が有する敷設免許を譲り受けた。戦後も東京における地下鉄網整備の中心を担うが、二〇〇四年に特殊会社化され、東京地下鉄（東京メトロ）となった。

事業統合の布石

ところで、以上のように交通事業調整委員会での議論が東京の郊外地域の「交通調整」を四つにブロック分けしながら、地域ごとの具体的な合同策については何ら触れず、事業者間の自主的調整へ委ねていったことは、他方でこの間における五島の鉄道事業へ

東横映画劇場で開催された東京急行電鉄の合併記念式
（1942年5月8日、『東京急行電鉄50年史』）

の関わり方を大きく変えていました。

五島は一九二〇（大正九）年に官僚から民間へ転じて以来、社外重役や監査役に名を連ねた関西地方の一部私鉄や、一九三〇年代に合併する直前にあたる池上電気鉄道、玉川電気鉄道を除けば鉄道会社の役員に就任することはなく、目黒蒲田電鉄と東京横浜電鉄の経営にほぼ専念してきました。しかし、交通事業調整委員会での審議が開始された一九三八年後半以降、五島は東京、神奈川、山梨、静岡の各府県における有力鉄道会社の役員に相次いで就任するようになりました（図3）。

将来における合併を標榜しながら、実際には免許申請や社債の元利支払保証などにおいて相互補完的な機能を発揮してきた目黒蒲田電鉄と東京横浜電鉄も、このような流れの中で一九三九年一〇月一日に合併し、目黒蒲田電鉄を存続会社として、同年一〇月一六日に東京横浜電鉄（第2次、以下同じ）へ商号変更しまし

図3　五島慶太の鉄道会社役員就任状況（1920～1945年）

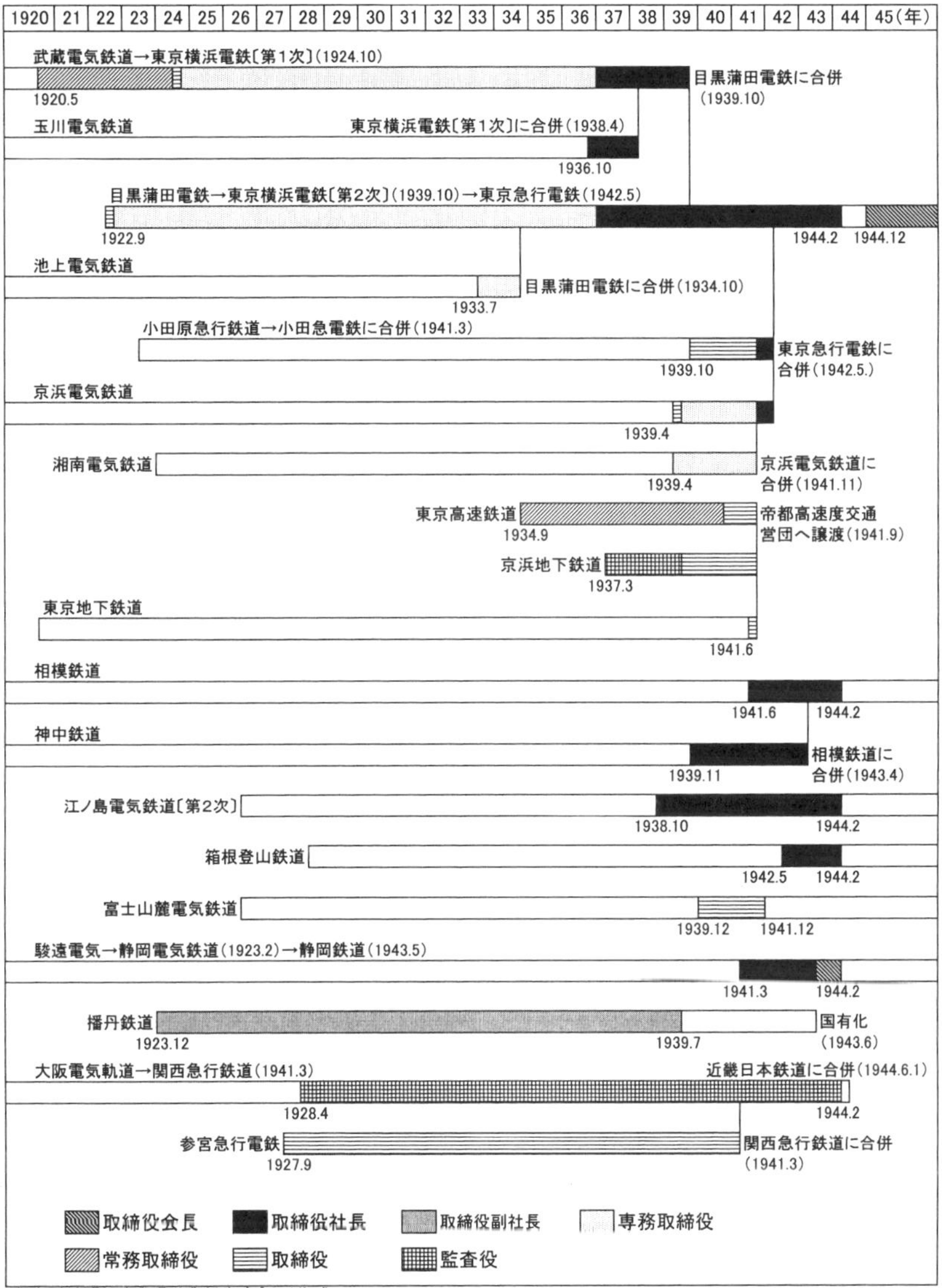

出典：各社『社史』、『営業報告書』より作成。
注1）1919年以前の社名変遷は省略。
2）1928年5月以降の目黒蒲田電鉄・東京横浜電鉄〔第1次〕、池上電気鉄道の専務取締役は代表権を有する。
3）相模鉄道は1941年6月に相模線が国有化。残る路線は45年6月以降東京急行電鉄に経営委託。
4）江ノ島電気鉄道〔第2次〕、箱根登山鉄道、駿遠電気は、前身会社から路線を譲り受けて発足。

た。日中戦争の長期化で経済統制が深まるなか、それまでのような両電鉄の機能分担よりも、新生東京横浜電鉄に東京西南部における「交通調整」の中核私鉄たりうる規模を持たせることが先決となったのです。

東京急行電鉄の成立

このような五島の各鉄道会社における役員ポストへの就任は、近接する事業者が相対で合意することを原則とする東京郊外の「交通調整」にとって、きわめて重要な意味を持っていました。東京地方では、いずれも五島が社長を務めるに至った小田急電鉄、京浜電気鉄道が東京横浜電鉄に吸収合併され、一九四二（昭和一七）年五月一日に東京急行電鉄*が成立しました。神奈川では、やはり五島が社長に就任していた神中鉄道と相模鉄道が一九四三年四月に合併し、存続会社となった後者も一九四五年六月以降は東京急行電鉄へ経営を委託することになりました（相模鉄道『相鉄七十年史』一九八七年）。小田急電鉄の支線に相当する江ノ島電気鉄道や箱根登山鉄道も、合併こそされませんでしたが、五島社長のもとで東京急行電鉄との関係が強くなっていきました。東京近郊以外で唯一五島が社長を務めた静岡電気鉄道は、藤相鉄道、中遠鉄道などを糾合し、一九四三年五月一五日に静岡鉄道となりました。

東京急行電鉄
一九四二年五月に成立した東京急行電鉄は、戦後の分離再編成に至るまで「大東急」とも称された。この時点で五島慶太が役員に就任していなかった京王電気軌道は、東京急行電鉄への合併が一九四四年五月末にずれ込むことになった。

「交通調整」の帰趨をある程度予測した五島の役員就任は、その全貌が必ずしも見えてこない中で行われたものもあり、結果として交通事業調整委員会の指定する地理的範囲を大きく越えるものとなりました。また、その多くは株式買収による議決権獲得を背景として実現しました。東京急行電鉄による東京西南ブロックの統合は、西北、北東など他のブロックよりも徹底していたため、これを事業拡大欲による併呑と見る向きもありましたが、むしろ五島は、「こっちは生まじめにやったのに、ほかのヤツはちっともやらない」(前掲『五島慶太の追想』)と不平を口に出していたようです。

なお、旧東京横浜電鉄が東京高速鉄道との接続を前提に出願していた渋谷—成城学園前の計画路線は、「『オリンピック』モ中止セラレ、且時局下資材ノ配給状態ヨリ見テ之カ実現ハ至難ト認メラルヲ以テ、将来適当ノ時期ニ於テ更メテ詮議スル」(『東京急行電鉄 自昭和一九年至昭和二四年』)との判断が監督当局によって下され、一九四四年八月に免許申請書返戻となりました(表1)。郊外電鉄と地下鉄を直通運転させるという五島の悲願が実現するのは、それからちょうど二〇年後の一九六四(昭和三九)年八月、東京急行電鉄東横線と帝都高速度交通営団日比谷線の相互直通運転開始を待たねばなりませんでした。

朝日新聞

東條内閣改造断行

藏相に石渡莊太郎氏

農商相に内田信也氏

運通相に五島慶太氏

任大藏大臣 正三位勲二等 石渡莊太郎

任農商大臣 宮城縣知事 従三位勲二等 内田信也

任運輸通信大臣 正六位 五島慶太

依願免本官

特に前官の禮遇を賜ふ

五島の運輸通信大臣就任を報じる新聞記事（『朝日新聞』1944年2月20日）

運輸通信大臣への就任

一九四三（昭和一八）年一一月、五島は内閣顧問に就任し、もっぱら運輸交通の分野を担当するとともに、一二月以降は行政査察使として木造船の建造現場などを巡見しました。一九四四年二月一九日には、戦時中の海陸輸送体制を総合的に所管するために鉄道省と逓信省を統合して設置された運輸通信省の大臣となり、東條英機内閣に入閣しました。大臣就任にともない、五島は各鉄道会社の役員を同日付ですべて辞職しました。東條の側近であった内閣書記官長の星野直樹によれば、当時同省内では旧鉄道省系と旧逓信省系間の確執や不満が存在しており、「省内の人心を一新し、鉄道を中心にして、海陸の交通機関を一丸として引っ張っていく人物を」ということで、五島に白羽の矢が立てられたようです（前掲『五島慶太の追想』）。

伊勢神宮を参拝する運輸通信大臣時代の五島（右から二人目）。向かって左側を並んで歩いているのは同時に入閣した内田信也農商大臣（『五島慶太の追想』）

運輸通信大臣としての五島は、経済界から大学時代の同期である河合良成や、田島正雄を迎えて要職につけ、「官民一致」体制をとりつつ懸案事項の処理に当たりました。しかし、一九四四年七月二二日、マリアナ沖海戦敗退とサイパン島陥落の責任を取る形で東條内閣は総辞職となり、五島の大臣生活も半年足らずで幕を閉じました。五島は、「閣議においては、余計なことは一つもいわず、必要な発言だけに止まった。また、政治的な動きは一切しなかった」（前掲『五島慶太の追想』）と伝えられています。

二、戦後の活動

公職追放と東京急行電鉄の再編

運輸通信大臣を辞めた五島は一九四四（昭和一九）年一二月二八日、東京急行電鉄の取締役会長に復帰しますが、それからほどなくして敗戦を迎えました。その後もそのまま会長職にとどまっていましたが、一九四六年五月、GHQによる占領政策のもとで力をつけた労働組合は経営陣の「民主化」を強く要求し、同年六月二七日、社長の小林中を除く全役員が退任して、それまでの部長クラスが昇格する新しいメンバーに入れ替わりました（小林は翌年九月退任）。戦時中の「交通調整」で巨大な地域独占企業となっ

公職追放中の五島（左から四人目）。松永安左エ門（右から二人目）、小林一三（右から三人目）と茶席を共にしている（『五島慶太の追想』）

た東京急行電鉄の社長を務め、東條内閣の国務大臣でもあった五島は、これに続いて一九四七年八月二二日に公職追放の指定を受けました（前掲『東京急行電鉄五〇年史』）。

こうして五島が東京急行電鉄の役職から外され、早期の復帰もままならなくなった一九四七年以降、旧小田急電鉄、旧京浜電気鉄道、旧京王電気軌道の分離問題が浮上しました。この問題は社内でも賛否や利害対立があって作業は困難を極めましたが、一九四八年六月一日、小田急電鉄、京浜急行電鉄、京王帝都電鉄が新会社として分離発足し、東京急行電鉄も新会社として同日新たなスタートを切ることになりました。かつてこれらの鉄道会社を自ら統合した五島は、当初分離に反対しましたが、パージ中の身で直接指示を下すこともできず、分離推進派が上野毛の自邸に陳情に押しかけるなど騒然とした状況が続いたため、「このままではとても東京急行はやっていけない。これはやっぱりすっきりして、分離したほうがいいかも知れない」（前掲『五島慶太の追想』）と考えるようになっていました。

会長職への復帰

一九五一（昭和二六）年八月六日、五島は公職追放を解除され、八月二八日に同じく追放解除となった篠原三千郎とともに東京急行電鉄の相談役として復帰しました。同年

公職追放が解除され東京急行電鉄の相談役として復帰した五島（左）。右は専務の大川博（1951年8月28日、『五島慶太の追想』）

一一月二〇日には株主総会で取締役に選出され、翌一九五二年五月六日には取締役会長に就任しました。

東京急行電鉄復帰後の五島は会長職であったものの、社内報などではかつての社長時代と同じように巻頭で自ら事業構想や将来計画を大いに語り、事実上のトップ経営者として社内に君臨しました。それは、一九五四年五月に長男の五島昇が社長へ昇格してからも変わりませんでした。

一九五三年の正月頃から五島は糖尿病の悪化で左半身が不自由となります。五島が回顧録めいたものをまとめはじめるのもこのあたりからですが、その一方では杖を片手に全国各地を精力的に飛び回りました。戦争末期の一九四五年四月に傘下へ収めた草軽電気鉄道（現草軽交通）以来、鉄道事業の新たな系列化は鳴りをひそめていましたが、一九五六年二月に伊東―下田間の鉄道建設が計画され（一九五九年四月、伊東下田電気鉄道＝現伊豆急行設立）、五七年一二月に定山渓鉄道（現じょうてつ）、五八年一一月に上田丸子電鉄（現上田交通）を東京急行電鉄の傘下に収めるなど、地方私鉄への投資が相次ぎました。一九五五年一一月から五六年一二月まで五島の大学同期である正力松太郎が北海道開発庁長官に在任したことや、上田地方が五島の出身地であることからもうかがえるように、これらは東京急行電鉄としての体系的な経営戦略というよりは、むしろ五島の個人的意向が反映したものと言ってよいでしょう。

関係者や取材陣を引き連れて北海道各地を視察する五島（中央のステッキ姿）。札幌市近郊の羊ヶ丘にて
（1957年7月、『五島慶太の追想』）

五島の東京横浜電鉄復帰とともに専務取締役に昇格した木下久雄は、会長職にありながら次々と事業を広げていく五島について、「会長の事業はといえば、金融情勢に関係なく、つぎからつぎへと進んでいく。これをいかにして金融とマッチさせていくかが、困難といえば、この上なく困難であった」（前掲『五島慶太の追想』）と、社としての苦労ぶりをのちに吐露しています。地方の鉄道事業に限らず、広範囲かつ多岐にわたった関連事業への投資や進出は、日本経済の高度成長とともにいわゆる東急グループを形成していくことになりますが、他方で晩年の五島が推した計画の中には、全体との関連性が不分明な事業も含まれるようになっていきました。

東京・築地本願寺で行われた五島の社葬
（1959年8月15日、『東京急行電鉄50年史』）

おわりに

一九五九（昭和三四）年八月一四日、五島は七十七歳でこの世を去ります。『五島慶太伝』（一九五四年）の執筆などを通じて晩年の五島と深い交流があったジャーナリストの三鬼陽之助は、雑誌の追悼特集へ寄せた一文において、とにかく「目的貫徹主義」で押しまくり、「不屈の闘魂」を貫いた生涯であったと総括しました（三鬼陽之助「闘魂を貫いた五島慶太」、『財界』第七巻第一七号、一九五九年九月）。こうした評価は、いわゆる「強盗慶太」の剛腕イメージとも合致し、生前の五島自身もしばしば好んだものでした。

しかし、戦時中の一九四二年に鉄道省から東京急行電鉄に入社し、戦後は再分離後の東京急行電鉄の専務取締役及び副社長として五島と接してきた大川博は、五島の事業手法について少し違った見方をしていました。それは、①綿密な調査、②成算ありとの結論が得られれば万難を排しての遂行、③進捗状況に対する不断の数字的検討の三つからなるもので、大川はそれを「五島システム」と呼びました（前掲『五島慶太の追想』）。

本書がこれまで紹介してきた五島の鉄道企業家としての行動も、第一線で活躍した時代にさかのぼればさかのぼるほど、巷間に再三喧伝されている「不屈の闘魂」というよりも、大川の言う「五島システム」と重なる部分が多かったように思われます。五島が没してからすでに五五年。紙幅の関係で触れることのできなかった鉄道業以外の事績を含めて、従来からあるような画一的な五島慶太像を再検証する時期に来ているのではないでしょうか。

（根津美術館提供）

「外に積極、内に消極」の経営戦略を貫いた鉄道王

根津嘉一郎

ねづかいちろう

一八六〇（万延元）年、山梨県に生まれる。東武鉄道の経営再建を果して、株式投資家から事業経営者に転身する。鉄道事業を中心に多くの事業を手がけ、若尾逸平、雨宮敬次郎らとならんで甲州財閥の巨頭と目される。昭和の初めに東武日光線を開業するとともに、周辺の自動車・軌道など輸送網を整備し、日光を国際的な観光都市に育てあげた。

根津嘉一郎の生家

第一章　はじめに

郷里と根津家

　根津嘉一郎は、一八六〇年八月一一日（万延元年六月一五日）、甲斐国東山梨郡平等《ひらしな》村字正徳寺（現・山梨県山梨市）で、根津嘉市郎・きみの二男として生まれ、幼名を栄次郎と称しました。兄と姉、妹がそれぞれ一人ずつおり、男二人、女二人の四人兄弟でした。

　生地の平等村は山梨県中央の平野部を形成する甲府盆地に位置し、甲州街道、鎌倉往還、秩父往還などが合流する交通の要衝で、甲州養蚕地帯の中心でもありました。また生家の根津家は屋号を油屋といい、農業のほか、種油製造、雑穀商、質屋などを兼ねる典型的な豪農でありました。父の嘉市郎は弟（根津嘉一郎の叔父）の養子縁組を妨害されたため訴訟をおこし、勝訴にはなったものの全財産の半ばちかくを使い果たしてしまいました。しかし嘉市郎は、「衰退せる其の家運を挽恢《ばんかい》すべく、農業のかたはら、油締め機械を二台所有して種油の製造に従事し、更に雑穀商と質屋とを兼ね、寸暇なく営々

山梨県議会議員時代の根津
（『根津翁伝』）

と立ち働いた」といわれています（実業之日本社編『奮闘活歴涙のあと』実業之日本社、一九二五年）。こうして根津家は幕末・維新期から積極的に土地を集積し、明治二〇年代半ばころまでには山梨県第二位の二〇〇町歩地主に成長していました（松元宏「養蚕製糸業地帯における地主経営の構造―二百町歩地主根津家の場合―」、永原慶二・中村政則・西田美昭・松元宏『日本地主制の構成と段階』東京大学出版会、一九七二年）。

　嘉一郎は、兄の一秀とともに寺子屋に通いましたが、温厚で病弱であった兄とは対照的に、かなりの「ガキ大将」であったようです。宇野木忠著『根津嘉一郎』（東海出版社、一九四一年）には、寺子屋で席を並べていたという人による嘉一郎（栄次郎）に関するつぎのような証言が掲載されています。

　「栄さんは負けず嫌いの男で、一日師匠が本を読んで教え、翌日これを生徒に読ませる。なかなか一回では読めないので、誰も読もうとはしないのに、栄さんは大胆にも自分で立つて読む。師匠が何かで休むときには栄さんが師匠に代わつて教えるのだが、云う事を聞かない子どもは襟くびを捕えて庭へ出してしまう。寸分乱暴なことをするので、しまいには本当の師匠より栄さんが師匠になつた時のほうがこわくなつてきました。その代り、よく栄さんの云うことを聞くと必ず栄さんからご褒美が出る。…略…何をして遊ぶにも総大将にならなければ、その遊びごとはブチこわしてしまうという厄介なしろものでしたが、その都度ご褒美は必ず栄さんにつきものでしたから、自然に皆のものが栄さんになびくようになつた」

なにごとについても人の上に立つのを好む性格であったようですが、寺子屋の師匠から代講を任されるほどの信頼を得ていて、寺子屋の仲間からも慕われていたように思われます。

若き日の根津嘉一郎は軍人を志していましたので、一八八〇年、数え二一歳のときに陸軍士官学校に入学して軍人になろうと思い、家族に無断で郷里を離れて東京に出ました。しかし、二一歳では士官学校入学資格者の最長年限をこえていたため入学できず、根津の軍人志願は早くも挫折してしまいました。さりとてこのこと郷里に帰るわけにもいかず、上野の不忍池で塾を開いていた著名な漢学者の馬杉天外に学び、さらに麹町番町で漢学塾を開いていた甲州出身の古屋周齋藤の塾に移りました。馬杉天外の塾では根津にかかわるおもしろい逸話があります。ある日、『日本外史』の講義が行われていたとき、甲州出身の根津は武田信玄の肩をもって上杉謙信をひいきする越後の男と取っ組み合いになり、塾内の物議をかもしたというのです（前掲『奮闘活歴涙のあと』）。何不自由なく自由闊達に育った根津は、若いときから相当の熱血漢であったようです。

こうして、根津は東京で三年間にわたって貧乏書生生活を送りましたが、やがて叔父の勧めにしたがって郷里に戻りました。郷里に戻った根津は国士気取りで大酒を飲んで大言壮語をはき、政治運動に身を費やしていました。共愛社、山梨同志会などの政治団

集会条例
一八八〇（明治一三）年四月に公布された法令で、集会・結社の自由を規制し、自由民権運動を抑圧した。一八八二年に改正され、さらに規制が強化されたが、一八九〇年七月二五日の集会及政社法の公布によって消滅した。

平等村村長としての事績
実業之日本社編『奮闘活歴涙のあと』（実業之日本社、一九二五年）では、平等村村長在任当時、根津嘉一郎は富士川上流の笛吹川の氾濫を独自の一大果断をもって防ぎ止めたとされている。すなわち、同書によればつぎのようである。
「或る年の夏、東山梨一帯に豪雨が降り続き、笛

吹川の堤防は為めに決裂せんとの勢ひを示し、平等村近辺の総民は危機に瀕して大騒ぎをしたが、騒ぐばかりで其れに施すべき術もなく、人々は単狼狽して、右往左往するのみであつた。そこで、根津氏は村長たる職責を尽して、之れが指導の任に当り、突差の間に断固たるの手段を採つて、官木として自由に其の伐採を許されて居らなかつた鎮守の森の大木四本を切り倒し、数百人の人手を以て其れを堤防に運び、今にも崩壊せんとする箇所の固めに使用したのである。斯の如きは、根津氏の一大果断を以てしてのみよく之れを為し得たところであつて、今に及ぶも当時のことを思ひ出だして土地の人々は何れも根津氏の処置を徳として居る。」

体や峡中立憲党などの政治結社をつくり、集会条例*にふれて入牢したこともありました。なお、根津は大日本帝国憲法が発布された年の一八八九年に名を隆三と改めましたが、兄の一秀が病弱であったので、父嘉市郎が隠居すると戸主となり、嘉一郎と改名しました。なお、父の嘉市郎は藤右衛門を名のることになりました。

根津嘉一郎は一八八九年から九六年まで根津家の家督を預かり、二〇〇町歩地主の経営に敏腕を振るいました。この間、村会議員や村長*、あるいは県会議員として地方政治にかかわるとともに、有信貯蓄銀行の設立や興商銀行の経営に参画するなど、地方実業家としても活躍しました。根津は一八八九年八月平等村会議員に当選し、一八九一年の郡制施行にともない父の反対を押し切って東山梨郡会議員となりました。また、同年一〇月には山梨県会議員に当選し、郡会と県会を双肩に担い、地方政治家として活躍しました。『山梨県会議事筆記』によると、県会に駿州東往還道路改修工事費案が上程されると、つぎのように述べて賛成しました。根津は、のちに東武鉄道や高野鉄道の経営に敏腕を振るうのですが、若いときから道路や鉄道など交通手段の重要性を認識していたことがわかります（根津翁伝記編纂会編『根津翁伝』一九六一年）。

「元来本県は天然の城廓とも云ふべき不便此上なきところなり。而して本案可決の結果としては、一戸割付拾壱銭づつの割合なり、聞けば一昼夜に御阪を経て来る荷物は、五百駄を下らずと云ふ。然れば、一ヶ年の費額は、三万五千円を下らざるべく、又生糸は五千梱以上にして、相場のみ電報にて通じ得るも、愈よ運搬して取引するまでには七日間を要すと云ふ。一朝斯の開鑿の成就せば、大いに其の不便を除くことを得べし。若し鉄道の落成するも、尚ほ御阪を経過せざるを得ざるものあり。即ち、魚塩の如き是なり。只々費用の巨額なるに驚きて、之を否決せんとするは、実に公利公益の何たるを知らざる者と云ふべし。仮令県債を起すとしても、是非開鑿したし」

一八九三年二月には平等村と上万力村の組合村の村長となりましたが、職務を収入役の望月瀰三郎にまかせたまま、みずからは東京市日本橋区の島屋旅館を拠点に株式投資に身を費やしていました。根津が家督を相続して自由にしえた資産は、約三二万円の田畑と約五万円の現金であるとされていますが、根津はこうした親から相続した資産を株式投資につぎ込んでいたのです。日清戦争（一八九四～九五年）後の企業勃興期を迎えると、根津の株式売買にはさらに拍車がかかりました。そして、兄の一秀の病気が平癒すると、一八九六年に家督を兄に譲り、翌九七年四月には村長の職を辞して東京に移住しました。根津はこのとき一秀と財産を分割し、一八九八年九月一四日、若尾逸平らの立ち会いのもとに「契約証書」を取り交わしました。その結果、嘉一郎が山梨県下に所有している土地を一秀に譲り、一秀が東京府下に所有している土地を嘉一郎が譲り受けることになりました。嘉一郎が譲り受けたのは、高田村（田畑合七町四反歩）、早稲田

若尾逸平
（一八二一～一九一三）
甲州財閥の総帥。横浜での生糸貿易や株式投資で膨大な富を築いた。甲斐国西郡筋在家塚村の百姓の子として生まれる。一八四一（天保一二）年ごろから特産物の葉煙草や繰綿の行商に従事し、横浜が開港すると生糸や水晶の売り込みに成功して巨利を博した。第十国立銀行の設立に参画し、取締役に選任された。松方デフレ期に土地を集積し、山梨県内随一の巨大地主

村（田畑合四反二畝六歩）、小日向村（地所三七〇坪余、ほか建屋一棟）、同村（地所八六八坪）、小舟町（建屋一棟、ただし土蔵付）、北神保町（建屋六棟、ほか一棟）、同町（建屋一棟）、飯田町（地所二五〇坪余、ほか建屋一棟）、同町（地所七二六坪余、ほか建屋一〇棟）、同町（地所二三〇坪、ほか建屋四棟）、池袋村（畑三反五畝　七歩）、牛込山吹町（田畑合二反二畝一七歩）、小日向町（畑九畝二四歩）、同町（畑九畝二〇歩）、同町（畑九畝三歩）、中六番町（地所八四〇坪、ほか建屋一棟）、元嶋町（地所四八〇坪）、三崎町（地所三〇〇坪、ほか建屋三棟）、飯田町（地所一〇〇坪）、下六番町（地所六〇〇坪）、本郷区春木町（地所四〇坪・ほか建屋二棟、地所一八〇・建屋三七棟）の土地や建物と、房総鉄道（二株）、商品取引所（二株）、上海紡績（五株）、東京電気鉄道（一二〇〇株）の株式でした（宇津木忠『根津嘉一郎』東海出版社、一九四一年）。

相場師から実業家へ

根津嘉一郎は、*若尾逸平、*雨宮敬次郎、若尾幾造、小野金六などとともに、「甲州財閥」の開祖といわれることがあります。甲州財閥とは、山梨県出身の資本家グループのことで、しばしば集団で行動したのでこう呼ばれました。萩原為次『素裸にした甲州財閥』（山梨民友新聞社、一九三二年）は、つぎのように説明しています。

となった。東京馬車鉄道や東京電灯の株を買い占めるなど、積極的な株式投資を行った。

雨宮敬次郎

（一八四六～一九一一）「天下の雨敬」「投機界の魔王」などとよばれた実業家で、若尾逸平や根津嘉一郎とともに甲州財閥の巨頭と称される。甲斐国東山梨郡の名主の二男として生まれ、一四歳ごろから生糸などの行商を始めるようになった。一八七〇（明治三）年横浜に移住し、洋銀相場や生糸取引で巨利を博した。しかし、その後は鉄道事業への株式投資や企業経営に関与するようになった。一八八八年に甲武鉄道の取締役となったのを皮切りに、川越鉄道、北海道炭礦鉄道、日本鋳鉄などの経営に関与した。

「早い話が、現在の東京市電の前身たる東京馬車鉄道や、東京市街鉄道会社は、若尾逸平、雨宮敬次郎、小野金六、根津嘉一郎翁等の甲州系事業家によつて経営されてゐたものであり、東京瓦斯会社*もつい先達まで、甲州系の手に収められてゐた、最近はいさゝか凋落の感はあるが、東京電灯に至つては、若尾民造、佐竹作太郎、神戸挙一、若尾璋八氏等が歴代の社長として蟠居し、他の甲州系の面々を擁して完全に其の勢力を掌中に収め、電力界に君臨してゐた事は、世間周知の筈だ。其の他鉄道、電気、瓦斯、銀行、製紙、機械、繊維、炭礦、洋灰、保険、ビール、乗合自動車等々、街頭に目をひく彼の電柱広告に至るまで、各種の事業に亘つて、偉大なる勢力を扶植し、北は北海道、南は九州に至るまで手を拡げ、我国財界の一大勢力として、其の存在を無視することは出来ないのである。甲州財閥といふことに語弊があるならば、甲州出身の実業家によつて経営されてゐる事業は、斯くも重要なるものであり、夫々の実業家を総称して世人は是を甲州系財閥とよんでゐるのである」

甲州財閥のなかには東京馬車鉄道*、東京市街鉄道*など、鉄道（交通）事業にかかわるものが比較的多いということができますが、なかでも根津嘉一郎（初代）は東武鉄道や高野鉄道の経営再建をもって広く知られ、しばしば「鉄道王」と称されていました。しかし勝田貞次によれば、根津がかかわった会社は社長、会長、取締役、監査役、相談役

東京瓦斯会社
渋沢栄一や浅野総一郎らが一八七六（明治九）年開設の東京府瓦斯局の払下げを受け、一八八五年一〇月に創立した瓦斯会杜。その後一八九三年七月に商法が施行されると、社名を東京瓦斯株式会杜と変更した。

東京馬車鉄道
大阪商法会議所会頭五代友厚、鹿児島県士族谷元道之、同種田誠一らによって一八八〇（明治一三）年に資本金三〇万円をもって設立され、八二年に開業した。営業路線は、①新橋～京橋～日本橋～万世橋～上野広小路、②日本橋本町三丁目～大伝馬町通～浅草橋～蔵前通～浅草広小路、③浅草広小路～上野広小路の三線からなる。

東京市街鉄道
一九〇三（明治三六）年九月一五日、数寄屋橋〜神田橋間を開業した路面電車。一九〇六年九月に東京電車鉄道、東京電気鉄道と合併して東京鉄道となり、一九一一年八月には東京市電気局に買収されて東京市電となった。

などの役職についたものだけでも**表1**に示したように多数にのぼっていました。前掲『根津嘉一郎』が、根津を「実業界に於ける渋沢子爵に亜ぐ大御所」と評しているのは、「日本資本主義の生みの親」として五〇〇社以上の会社経営にかかわった渋沢栄一ほどではないが、それにつぐ数の会社経営にかかわっていたからであると思われます。

根津嘉一郎の企業家活動については学界においても注目され、私有鉄道史研究で著名な中西健一は、明治期における鉄道資本家の類型化を試みるなかで（中西健一『日本私有鉄道史研究―都市交通の発展とその構造―』増補版、ミネルヴァ書房、一九七九年）、また経営史学の泰斗である森川英正は、甲州財閥あるいは経営ナショナリズムを論じるなかで（森川英正『日本型経営の源流―経営ナショナリズムの企業理念―』東洋経済新報社、一九七三年）根津を取り上げています。二人の研究によってつくられた根津の事業家としてのイメージは、鉄道事業を株式投資の対象としてとらえる傾向が強く、鉄道の経営は主たる関心の外にあるというものでした。

中西や森川による根津嘉一郎に対する評価は、実業家根津の一面をするどくついているといえますが、なお十分ではないように思われます。根津嘉一郎は一八九九年における東京電灯の監査役を皮切りに、東京米穀商品取引所、東京馬車鉄道、東武鉄道など、多くの会社の経営に携わりますが、投資家であるだけでなく、地道な経営理念に支えられた実業家とみることもできるように思われるからです。東京に出た根津は日本橋兜町

表１　根津嘉一郎の関係会社

	社　長	会　長	取締役	監査役	相談役
鉄道事業	東京興産 大社宮島鉄道 日光自動車電車 東京地下鉄 南朝鮮興業 東武鉄道	南海鉄道	西武鉄道 金福鉄路公司 京浜地下鉄 東京高速鉄道 秩父鉄道		下野電気鉄道 高野山電気鉄道 富士身延鉄道
保険事業	太平生命 昭和火災 富国徴兵		愛国生命		
ガス事業					関東瓦斯
セメント事業			磐城セメント		秩父セメント
化学工業			日本化学 （日本製錬）		
土地事業					富士山麓土地 昭和土地
興業・新聞				帝国劇場	松竹キネマ 国民新聞 松竹興業
その他			横浜倉庫 足利紡績 日本航空輸送		日清製粉 山叶商店 丸玉商店

出典：勝田貞次『大倉・根津コンツェルン読本』（日本コンツェルン全書Ⅹ）春秋社、1938年。

付近に居を構え、しばらくの間は株式相場に没頭していましたが、やがて相場師仲間から足を洗い実業家に転身していきました。この点について勝田貞次は、「良い潮時に相場より足を洗つて、事業に鞍替えした明敏さと云はうか聡明さが、実に根津財閥を作り上げる原因となつ」たと評価しています。

また、根津自身も株式投資家から実業家への転身をつぎのように述懐しています（勝田貞次『大倉・根津コンツェルン読本』（日本コンツェルン全書Ⅹ）春秋社、一九四八年）。

「若し吾輩が、其の昔誤つて株式相場なぞに手を出さず、始めより地味な事業の方面のみに携わつて居つたら、今日の財産を数倍にも

東京株式取引所

し、各種事業も、より完全なものに築き上げ得たであらう。

昔の投機に狂奔した時代を顧みて、悔るところ多く、相場などに決して手を出してはならぬと青年に警告したい。若い中は、誰でも、株か何か投機を試みて大成金を夢みるものだが、結局十中八九は失敗に終るものだ。うんと儲けた時に一思に綺麗に素振りと足を洗へば良いが、儲ければ儲けたで、更に欲が手伝つて、却つて虚*業より抜けられぬものだ。その中に、何時か、大損を喰つて根こそぎ持つて行かれて了ふもので、そこまで行かぬと止められないものだ」

根津は青年時代に株式相場に熱中していたのを後悔し、株式投資のような虚業ではなく、実業に専念することの大切さをしみじみと語っているのです。根津は、相場師から実業家にみごとに転身したということができます。

虚業

岩波書店の『広辞苑』によれば、「虚業」とは「実業」をもじった語で、「堅実でない事業」「実を伴わない事業」とのことである。根津嘉一郎は、株式投機などで大成金を夢みることを「虚業」とみていたようである。

第二章　根津嘉一郎の経営理念

若尾逸平と雨宮敬次郎

若尾逸平

雨宮敬次郎

根津嘉一郎は、甲州財閥の巨頭若尾逸平と雨宮敬次郎から大きな影響を受けました。根津が株式投資にかかわっていったのは、甲州財閥の先輩格にあたる若尾逸平の影響によるところが大でした。根津は、若尾の「金儲けは、発明か、株に限る。発明は学問がなければ容易なことではない。株は運と気合だ、若し、株を買ふなら、将来性のあるものでなければ望がない。それは、『乗りもの』と『あかり』だ。この先、世がドウ変化しやうとも、『乗りもの』と『あかり』だけは必らず盛にこそなれ、衰へる心配はない」という言葉にしたがって、鉄道株と電灯株への積極的な投資を始め莫大な財産を築いたのです（前掲『根津翁伝』）。

しかし、このような株式投資にのみ身を費やしていたのでは、のちに「鉄道王」とまで称されることになった鉄道経営者としての根津の出現はありえないことになります。

根津は、雨宮の「君らも相場などで一時の利を趁《お》ふよりも事業を経営し、事業を盛り立て、利益を享受することにせよ」との忠告に啓発されて、事業経営への転進を決意したといわれています（前掲『根津翁伝』）。そして、一八九八年の富国徴兵保険の設立を皮切りに旺盛な事業活動を展開し、一九〇五年からは東武鉄道の経営に参画していくのです。

なお、傾きかけた家産をみごとに立て直した父の嘉市郎も、つぎのように一秀、嘉一郎ら兄弟を戒めていました（前掲『奮闘活歴涙のあと』）。

「人間の生命は五十年が普通だとされて居る。仮令長くても七十年八十年に及ぶことは難しい。故に、短い一生のうちに、何かいゝことをして置かなければならぬ。人は一代、名は末代だ。是非何か世の為めになることをして置かなければならぬ。人と云ふものは、或る程度までは多少の道楽をしてもいゝ。唯道楽の外に何の取り柄もないことが悪いのだ。従つて、道楽をしたところで、一方大に働きさへすればいゝ。働いて道楽しなければ尚ほ更いゝのである。金を溜めることは最も望ましいことだけれども、決して人からケチをつけられるまでしても、之れを溜めるものではない。他人から後指をさゝるゝのは、男子として此の上へもない恥辱である。財産は誰れにもそしられないで拵へなければならぬ。

一生の成敗の中で運による場合が沢山ある。さうして、世の中では運は寝て待てと云つて居る。しかしながら、運と云ふ字はハコブと読むのであつて、常住動いて居るのである。其れを、寝て居つて掴まうなどとは、全く横着も甚しい。そんなことでは迚もい丶運に巡り合はせるものではない。働け〱、働くことが運を捕へる最良の手段である。」

父の嘉市郎はみずから「勤勉努力」を実践し、「財産を拵へることに腐心」してきたのですが、決して人に嫌われることはなかったといいます。嘉市郎は、「一時は非常に貧乏しながらも、木綿物は一切見につけることなく、例時《いつ》も絹布類をまとひながら」莫大な財産を築いたのです。この戒めは、父の嘉市郎みずからの体験によるものであったから、嘉一郎らにも十分に説得的であったと思われます。

根津は、＊富国徴兵保険と東武鉄道のほか、南海鉄道、西武鉄道、富士身延鉄道、秩父鉄道、日本麦酒鉱泉、磐城セメント、足利紡績など、確認できるものだけでも一三六社の経営（うち、鉄道会社は二四社）に関係し、鉄道同志会の会長や東京商工会議所顧問などの要職も務めました（ダイヤモンド社編『財界人の教育観・学問観』、『財界人思想全集』第七巻、鳥羽欽一郎編集・解説、ダイヤモンド社、一九七〇年）。ここでは、こうした根津の事業経営者としての特徴を、東武鉄道における経営活動を中心に検討することにします。なぜなら、根津自身が「私が最も渾身の力を盡したのは、東武鉄道会社の整理に関してである」（前掲『世渡り体験談』）と述懐しており、一般にも「行き悩める東武鉄道をして今日の隆昌を来たしたる如き氏の手腕の賜たり」（伊藤常一編『京浜

富国徴兵保険
徴兵保険とは男子誕生とともに加入し、その子が徴兵検査の年齢に達して甲種合格となったときに約定の支払額を受け取れるというもので、現在の学資育英保険のようなものである。根津嘉一郎は富国徴兵保険相互会社の創立を準備していたが、関東大震災に遭遇して設立が危ぶまれた。しかし根津は「国家の徴兵制度に裨益する意義深い事業であるから、断じて予定通り進行させられたい」（前掲『根津翁伝』）と述べて、自ら未払込分を立て替えて一〇月一日に設立し、一一月二二日から開業となった。このように根津は、富国徴兵保険の創立に積極的にかかわり、一九四〇（昭和一五）年に亡くなるまで社長を務めた。

在住山梨県紳士録』昭和四年版、山梨県人社、一九二九年）とみられていたからです。
また、「根津嘉一郎が二買三ヤリの相場師より完全に抜け出したのは明治三十七年東武鉄道の社長として乗り込んだ前後からである」（前掲『大倉・根津コンツェルン読本』）と考えられるからでもあります。

『世渡り体験談』

経営理念と事業経営の要諦

根津嘉一郎には、『世渡り体験談』（実業之日本社、一九三八年）という自らの事業上の体験をつづった著書があります。ここでは、同書によって、根津の経営理念をさぐり、根津が事業経営の要諦をどのようにとらえていたかを検討することにします。

根津によれば、事業経営の究極の目的は「決して金を儲けると云ふ事」ではなく、「唯一身を忘れて事業のために働き、其の事業の成功に依って聊か国家社会に御奉公」することでした。また、「国家や社会に本当に裨益しようとする真の目的」がなければ、事業経営そのものの成功もないというのです。根津にとって国家とは、経営者が「一身を奉ずる」に値する崇高なものであったのです。そして、会社と社員との関係については「会社が隆盛に向う事は、即ち社員一同が隆盛になる事」であるから、「社長から小使までの全社員が、犠牲的精神をもって、一生懸命社務に従事」しなければならないと

東武鉄道の機関車。
英国製のバイヤ・ピーコック社製２号機
（『東武鉄道百年史』）

し、会社に対する社員の「滅私奉公の志」を強調するのでした。

しかし、根津の事業経営者としての特質を際立たせるのはつぎのような点です。まず、根津は「世の中で独立独歩ほど尊いものはない…略…人の世話をするとも人の世話にならないと云ふ心懸けが大事である」と、事業経営にあたって独立独歩の精神を貫くことの重要性を指摘しています。そしてこの独立独歩の精神は、「私は金を借りる時、無担保で借りると云ふ事はしない…略…その代り無担保で借りる人よりも、利子は安くして貰う」という考え方に連なっていきます。また、根津は「信用は万事の基である」とも述べていますが、独立独歩の精神は信用を形成し、事業経営にとってもっとも重要な資金調達能力を高めるというのです。

ついで根津は、事業経営にあたっての具体的な経営戦略として「内に消極、外に積極」という方策を強調しています。「積極的に拡張すべき事は拡張」しなければなりませんが、その一方で「不生産的な費用は早く削除」してしまわなければならないというのです。すなわち、根津によれば「増収と節減は、事業に於ける車の両輪」であって、事業経営を成功に導くためには「事業の増収の反面…略…どうしても節約が缺くべからざる事」となるのです。

ところで根津は、「会社の基礎を強固にし、一面株主配当を高める事」が、事業経営にとってもっとも肝要であるとしていました。したがって、「重役たちが、自分等の賞与だけを過当にお手盛しようとする事は、会社経営の本末を転倒したもの」ということになります。このように株主の利益を優先し、株主配当を高めるようにしなければならないとする経営姿勢には、株式投資家として財界にデビューした根津の面目が躍如としてあらわれているとみることができます。しかし、事業経営に身を転じた根津は、たんなる相場師ではありませんでした。根津は、経営者がいかに努力をしても、時勢が悪く株主配当が少ないときには、「これは株主として我慢しなければ会社を本当にもりたててゆくことは出来ない」とも述べているのです。

このように、根津によれば事業経営の要諦は、①独立独歩の精神によって資金調達能力を高めること、②積極的な増収策と経費の節減、③株主利益優先の経営という三点にまとめることができます。そして、このような根津の事業経営者としての素養は、生家である山梨県の養蚕地帯の二〇〇町歩地主根津家の経営のなかで培われたものでした。根津は、「一家の家政を掌るのも、一店の支配をなすのも、一会社の事業を経営するのも、凡そ其のコツは共通して居る」として、「どこに不合理があるか、それを見つけ出して、その病源を退治するのが捷道《しょうどう》である」と述べているのです。

第三章　東武鉄道の経営再建

経営への参画

東武鉄道会社の設立登記が完了したのは一八九七（明治三〇）年一一月ですが、根津はその設立にまったく関与していないばかりでなく、一九〇一年まではただの一株さえも所有していませんでした。東武鉄道は、一八九五年四月六日に川崎八右衛門（東京市本所区）ら一二人によって、資本金一八〇万円をもって、東京市本所区から千住、久喜、加須、羽生、館林などを経て栃木県の足利にいたる約八三・七キロメートルの鉄道敷設を目的に発起され、翌九六年一〇月一六日に東京市日本橋区の銀行集会所で創業総会を開催しました。なお資本金は一八九六年四月に二〇〇万円となり、創業総会時には二六五万円となっていました。

創業総会では、取締役に原六郎、末延道成、渡邊洪基、今村清之助、南條新六郎、監査役に原善三郎、田島信夫、前島密が選出され、社長は空席とし、専務取締役に末延道成が就任しました。根津嘉一郎が東武鉄道の経営にかかわっていくのは、一九〇五年四月に取締役になってからでした。しかし根津は、取締役に就任すると翌五月には専務取締役、一一月には取締役社長となり、以後一九四〇年一月に死去するまで、東武鉄道の社長に君臨していました。

一方、根津の名前が東武鉄道の株主名簿に初めて登場するのは一九〇二年九月のことで、所有株式数はわずか一六〇株にすぎませんでした。しかしその後急速に所有株式を増やし、社長に就任した一九〇五年下期には一〇〇〇株を所有する大株主となっていました。根津の所有株式数はその後も増え続け、一九〇七年九月には三八一〇株の筆頭株主となり、〇九年三月には六〇三〇株を所有し、東武鉄道の総株式数の一一・四パーセントを占めるようになりました。また一九〇九年下期には所有株式数を二万株とし、東武鉄道の総株式数に占める割合も一八・九パーセントとなっていました。

前掲『奮闘活歴涙のあと』は、根津嘉一郎が東武鉄道の社長に就任する経緯についてつぎのように述べております。根津は大株主ではありませんでしたが、いつも株主総会に出席して「相当の意見」を述べていました。このころの東武鉄道の経営はのちにみるように必ずしも良好ではなかったので、株主総会は「恒例として大混乱を極め」ていましたが、根津は「毎々中間に立つて、重役対株主の調停」を試みていました。こうして一、二年が過ぎましたが、東武鉄道の経営がますます困難におちいると、三人の監査役が社長になってくれるようにと熱心に頼みこんできました。根津は最初は断っていまし

表２　東武鉄道の営業成績（1899〜1910年度）　（単位：円・%）

年度	営業収入			営業費	営業利益	営業係数	配当率	株価(平均)
	旅客収入	貨物収入	合計					
1899	41,510	3,012	44,522	37,257	7,265	83.70	6.6	26.61
1900	93,873	11,545	105,418	65,483	39,935	62.10	5.0	22.40
1901	94,519	18,509	113,028	64,613	48,415	57.20	4.0	17.34
1902	137,357	22,199	159,556	95,920	63,636	60.10	4.0	21.65
1903	160,834	32,378	193,212	116,334	76,878	60.20	4.0	23.59
1904	165,231	47,224	212,455	166,342	46,113	78.30	2.0	19.68
1905	183,422	53,407	236,829	190,413	46,416	80.40	1.5	23.35
1906	202,794	69,986	272,780	180,900	91,880	66.30	4.5	36.47
1907	289,018	120,018	409,036	270,205	138,831	66.10	6.5	51.08
1908	327,129	159,284	486,413	322,090	164,323	66.20	6.5	41.53
1909	335,708	172,451	508,159	333,852	174,307	65.70	7.0	50.97
1910	419,233	179,542	598,775	421,353	177,422	70.40	6.1	61.13

出典：東武鉄道『事業報告書』各期、東京株式取引所『東京株式取引所五十年史』1928年、その他。

たが、浅田徳則、田島信夫、原六郎らからも懇願され、ついに社長を引き受けました。

こうして、根津嘉一郎は社長として経営の任にあたるとともに筆頭株主となり、その後も所有株式を急速に増やしていきました。いわば、根津は所有と経営の両面から東武鉄道に対する実権を強めていったのです。

ところで、東武鉄道の経営諸指標をみると**表2**のようで、根津が経営にかかわっていくころにはいちじるしい悪化をきたしていました。営業収入はわずかながら増加していますが、営業費、なかでも総係費（本社費、諸建物保存費）および諸利子（割引料、諸利子、社債利子、当座貸越金利子）が著しく増加し、営業係数をみると一九〇四年度と一九〇五年度には八〇パーセント前後に達していました。とりわけ、一九〇四年下期には八五・六パーセント、一九〇五年上期には八四・一パーセントと、いちじるしい悪化をきたしていました。また、この二期には株主配当も無配となり、年度でみても一九〇四年度は二・〇パーセント、一九〇五年度は一・五パーセントと低迷していました。

株価も払込額を大きく下回るようになりました。東武鉄道は、一八九八年一二月二〇日に東京株式取引所の定期取引に上場しますが、一八九九年には二二円払込みの株式が平均株価二六円六〇銭（最高株価三一円、最低株価二一円五〇銭）と払込額を上回っていましたが、一九〇〇年以降は払込額を割り込み、売買高も低迷を続けていたのです。

根津嘉一郎が経営に参画したころの東武鉄道は、このように破産寸前の「ボロ会社」でした。経営が不振であったばかりでなく、重役と株主との間での確執が絶えませんでした。一九〇五年二月一一日付の『朝日新聞』は、東武鉄道の騒動をつぎのように伝えています（「東武鉄道取締役総辞職」、『朝日新聞』一九〇五年二月一一日）。

「東武鉄道会社重役と株主との間兎角円滑を欠き、昨年末社長大野直輔氏は辞表を提出したるが、残任重役は一昨九日大株主を招集し取締役原六郎、末延道成、青田綱三、田島信夫の四氏一同其席上に於て辞表を提出し、今後の処置に就ては諸員に於て宜しく整理せられたしと述べたり、参集株主は事甚だ唐突なるを以て議論百出し、就中加藤正義氏の如き今日営業方針に関する相談なりとの案内に依って臨席したる次第なれば辞表に対する処分を議するの責なしと峻拒したれども、兎も角審議の末根津嘉一郎、半田庸太郎両氏外三名の交渉委員を推挙し、此際重役一同に対し辞職を思ひ止まらしむることに決して散会せり」

東武鉄道では重役と株主との間に確執があり、社長の大野直輔が辞表を出すと、取締役の原六郎、末延道成、青田綱三、田島信夫らの残留重役も大株主会で辞表を提出しました。しかし、大株主会は営業方針について議論するために召集されたものであり、重役の辞任を議論する場ではないとし、根津嘉一郎らが交渉員となって残留重役の辞任を思いとどまらせることになったのです。根津は、のちに東武鉄道の騒動について「処女配当は七分であつたが、其後、配当が六分となり五分五厘となり、終ひには四分と云ふ風に、段々知りつぼまりになつて行つた末、遂に無配当となつて、会社騒動を惹起したものである」（前掲『世渡り体験談』）と回想しています。

積極経営と経営再建

東武鉄道の社長となった根津嘉一郎は、「消極的には出来る限りの冗費を除くと共に、積極的には不況当時最も困難とされていた（株金の…引用者）払込を断行して、専ら社内の改革や整理に尽力」（前掲『世渡り体験談』）し、経営再建をはかりました。東武鉄道の経営悪化の要因が、株金の払い込みの停滞と借入金増加による諸利子の増大にあると考えたからです。このような根津の再建策は功を奏し、一九〇五（明治三二）年下期以降営業費が減少し、一九〇六年度の営業係数はいちじるしく好転しました。一九〇五

完成した利根川橋梁（1913年）（東武博物館提供）

年下期の東武鉄道の『事業報告書』によれば、営業費減少の「主因ハ諸般ニ亘ル経費節約ト株金払込ニ依リテ借入金ノ減少セルト又市場金利低歩トナリシ為」（東武鉄道株式会社『第一七回事業報告書』一九〇五年後期）であったとされています。

しかし、さらに注目されるのは積極経営としての路線延長です。東武鉄道は、設立当初足利までの鉄道敷設を計画していましたが、一九〇三年四月に利根川の手前の川俣までは敷設したものの、利根川をこえて足利まで延長することはできませんでした。そのため、東武鉄道の営業収入はそれほどの増加をみなかったのです。

しかし一九〇七年八月に足利まで路線が延長されると、東武鉄道の営業収入は貨客ともにいちじるしく増大し、同年度の営業収入は四〇万九〇三六円で、前年度比約五〇パーセントの増加となりました。そして、一九〇九年度の営業収入は五〇万円をこえ、一〇年度には約六〇万円に達しました。足利まで路線が延びたため、これまで綾瀬川、古利根川などの舟運を利用していた貨物が東武鉄道を利用するようになり、麦、肥料、鉄物各種、セメント、砂利、石炭などの輸送が増えたのです。また旅客輸送においても遠距離乗客の数が増え、旅客収入の増大をもたらしました。

足利延長線の建設費を調達するため、根津は株金の払い込みを断行するとともに、社債の発行や借り入れを行いました。一九〇五年五月三〇日に足利延長線の敷設免許を受けると、同年一〇月二九日に二五〇万円の社債を発行し、川俣―足利間および亀戸―越中島間の敷設費用と借入金の償却にあてました。また翌一九〇六年一〇月一〇日には一五〇万円の社債を発行し、曳船―小梅瓦町間、足利―沼田間の路線延長を計画し、敷設費用を社債や借入金で調達しようとしたのです。そのため一九〇七年下期以降、利子負担が増大し、営業利益も伸び悩むようになりました。

しかし、それにもかかわらず一九〇七年以降、株式配当率は六〜七パーセント台で安定的に推移し、株価も払込額を上まわるようになりました。営業利益が伸び悩むなかで、安定した配当を維持しえたのは、根津が利益処分において役員賞与金への配分を抑え、後期繰越金および配当金への配分を増やして高配当政策をとったからでした。こうして、根津が自ら語っているように、東武鉄道は「利根川に、当時では大工事であつた一千八百尺といふ鉄橋を架けたり、また埼玉県の川俣止まりだつた線路を川向うの栃木まで延長したりして、収入も段々と増えるやうになつて来た」(前掲『世渡り体験談』)のです。

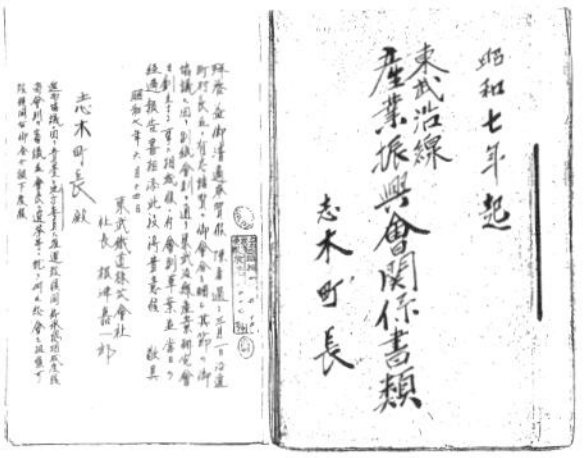
昭和七年起
東武沿線
産業振興會関係書類
志木町長

「東武沿線産業振興」文書

第四章　東武沿線の産業振興と日光の観光開発

東武沿線産業振興会

根津嘉一郎は太田への飛行機工場の誘致や草加への大阪窯業東京工場の誘致などにみられるように、東武鉄道の「沿線に工場を起こし、産業を興すこと」（前掲『根津翁伝』）にも熱心でした。根津は運賃割引などを実施して沿線に工場を誘致し、貨物輸送の増加をはかったのです。増収策の一環としての沿線諸地域の産業振興という考え方は一貫しており、昭和恐慌期の経営再建策として組織された「東武沿線産業振興会」もその事例のひとつでした（なお、東武沿線産業振興会についての詳細は、老川慶喜「『東武沿線産業振興会』関係書類」、『松平記念経済・文化研究所紀要』関東学園大学、第五号、一九八七年三月、を参照のこと）。

東武鉄道は一九二三（大正一二）年九月の関東大震災後、震災復興に必要な貨物、とりわけ砂利、石材などの輸送が増大し、「戦前期において最も経営の良好な時期」（老川慶喜「一九二〇年代東武鉄道の経営発展とその市場条件」、『交通学研究』交通学会、一

（単位：人・トン・円・%）

営業費	営業利益	営業係数	資本金利益率	配当率
1,451,613	1,597,056	47.6	3.2	13.9
1,485,209	1,595,232	48.2	3.2	13.9
1,609,000	1,582,503	50.4	3.2	13.9
1,889,350	1,670,577	53.1	3.3	13.9
1,968,845	1,784,673	52.5	3.6	13.9
2,038,528	1,990,136	50.6	4.0	13.9
2,584,221	1,846,382	58.3	3.7	13.9
2,747,590	1,686,744	62.0	3.4	12.0
2,593,987	1,488,148	63.5	3.0	10.0
2,482,758	1,237,786	66.7	2.5	10.0
2,655,649	1,297,046	67.2	2.6	9.0
3,033,406	1,332,432	69.5	2.6	9.0
3,392,299	1,080,659	75.8	2.1	7.0
3,419,701	1,099,747	75.7	2.2	7.0
3,352,215	1,167,871	74.2	2.3	7.0
3,342,249	1,188,599	73.8	2.4	7.0

九八二年度研究年報、一九八三年三月）を迎えていました。しかし昭和恐慌期における東武鉄道の経営は、一転して著しい不振をきたすことになりました。表3のように営業係数、利益率、配当率などの経営諸指標が悪化したばかりでなく、路線延長も増資もほとんどなされませんでした。すなわち、営業路線は一九一九年から三一年までに一六〇キロメートルから四八〇キロメートルへと約三倍に延長されましたが、それ以後の路線延長はほとんどみられなかったのです。また、資本金も一九二〇年一月の二〇〇〇万円が二六年四月には五〇〇〇万円となり、約二・五倍の増加を示しましたが、その後は一九三一年に五〇万円の増資が行われただけでした。そして、東武鉄道の貨物収入も一九二八年後期までは増加傾向にありましたが、二九年前期から減少に転じ、減少傾向は三七年後期まで続きました。

問題はこうした東武鉄道の貨物輸送の不振が昭和恐慌という循環的な要因のみではなく、国有鉄道との競争、自動車輸送の発展などという、この時期に特有な構造的要因にもよっていたということです。東武鉄道はこうした事態を打開するため、電化区間の延長や日光線の開業を断行して、旅客輸送の増加をはかりました。東武本線の全線電化は一

表3　東武鉄道の営業成績（1926年上期〜33年下期）

期	旅客		貨車		営業収入
	人数	収入	トン数	収入	
1926(前)	8,622,593	1,646,408	1,131,520	1,254,175	3,048,669
(後)	8,293,669	1,602,038	1,210,136	1,325,628	3,080,441
1927(前)	9,361,086	1,710,712	1,201,995	1,315,893	3,191,502
(後)	9,602,794	1,757,956	1,329,757	1,476,804	3,559,927
1928(前)	11,455,166	2,007,567	1,388,399	1,422,434	3,753,518
(後)	11,848,238	1,952,594	1,479,209	1,750,787	4,028,664
1929(前)	11,970,314	2,238,908	1,670,048	1,714,575	4,430,604
(後)	12,142,814	2,465,950	1,285,212	1,582,317	4,434,334
1930(前)	12,147,112	2,518,157	1,107,065	1,327,405	4,082,135
(後)	9,973,862	2,183,963	1,078,675	1,322,504	3,720,544
1931(前)	11,588,687	2,590,150	1,189,368	1,100,069	3,952,695
(後)	11,478,333	2,503,915	1,321,911	1,446,348	4,365,838
1932(前)	11,048,445	2,538,372	1,283,850	1,477,736	4,472,958
(後)	10,987,840	2,454,699	1,375,702	1,568,384	4,519,448
1933(前)	11,352,182	2,653,896	1,214,406	1,366,986	4,520,086
(後)	11,005,648	2,638,861	1,289,161	1,377,385	4,530,848

出典：東武鉄道『事業報告書』各期。

九二八年四月、東上線の全線電化は二九年一二月に完成しますが、これによって運転回数の増加と運転時間の短縮がもたらされ、旅客収入が増加しました。

このように根津は、東武鉄道の経営再建のためにさまざまな対策を実施したのですか、一九三二年には東武沿線産業振興会の設立を企てました。同年二月一三日、根津は東武鉄道沿線の産業振興のための協議会の開催を沿線の市町村長一五二名および有志一〇名に呼びかけ、協議会への招待状を送付しました。この呼びかけは大きな反響を呼び、三月一日に浅草の松屋で開催された協議会には、沿線市町村長一三九名、有志八名、東武沿線産業振興会の幹部二名が出席し、東武鉄道側からは社長の根津嘉一郎以下七名が参加しました。

午後になって協議会は具体的な審議に入り、出席者から東武鉄道に対して、省線との円滑な連絡の実現（栗橋町）、米の配給所および精米所の設置（南押原村）、運賃の低減化（杉戸町、坂戸町）、地域振興への積極的な取り組み

図1　東武沿線産業振興会組織図

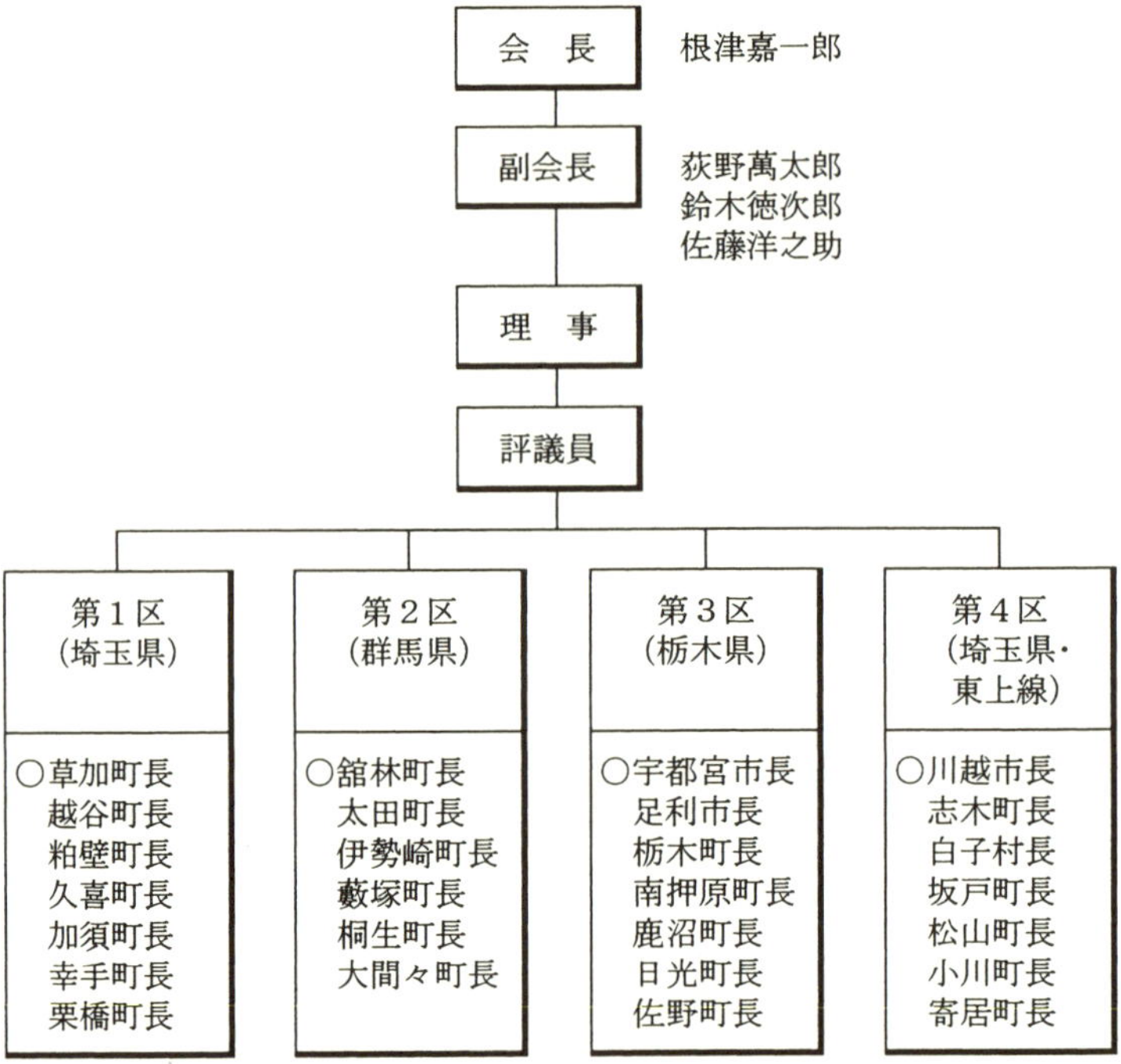

出典：「東武沿線産業振興会会則」。　注：○印は地方委員長。

（草加町）、停留場の設置（不動岡村）などの具体的な要望が寄せられました。このように沿線市町村は、地域振興のうえで東武鉄道に大きな期待を寄せており、沿線諸地域の産業振興をはかるための協議会を組織するという合意が得られました。協議会はさしあたり「東武沿線産業研究会」と名づけられ、沿線諸地域を第一区（東京府）、第二区（埼玉県）、第三区（群馬県）、第四区（栃木県）、第五区（東上線沿線市町村）の五区に区分し、区ごとに常置委員を選び、東武鉄道沿線の産業振興について協議していくことになったのです。

それでは、根津嘉一郎はこの東武沿線産業研究会をどのように位置づけていたのでしょうか。東武鉄道は一九三二年一〇月二一日に再び関係者を招集し、浅草松屋の六階で会議を開きました。そこで、根津は「此会ハ我東

東武浅草駅に開店した
松屋デパート
（東武博物館提供）

武鉄道ノ利益ノ為メニノミ設ケラレタルモノニアラズ、鉄道ト地方ト互ニ連絡ヲトリ協調ヲ保チテ産業ノ振興ヲ議シ相互ノ福利ヲ増進センガ為メニ設立シタルモノ」であるとし、「沿道デ自発的ニ種々研究ヲナシ、鉄道ヲ鞭撻」することを要請しました。そしてその後の審議のなかで、東武沿線産業研究会の名称は東武沿線産業振興会と改められ、「本会ハ東武鉄道沿線各地ニ於ケル物産ノ改良、資源ノ開発、商工業ノ振興ヲ図ルヲ以テ組織ス」（「東武沿線産業振興会会則」第二条）るとされました。会長には根津みずからが就任し、副会長には荻野萬太郎（足利町）、鈴木徳次郎（川越町）、佐藤洋之助（古河町）の三名が選ばれ、図1のような組織が作られました。

このように、根津嘉一郎は東武鉄道の経営不振から脱却するため、沿線地域の産業振興をはかるために東武沿線産業振興会を組織しました。根津嘉一郎による東武鉄道の経営には、こうした地域振興の姿勢が貫かれていたということができます。

観光地日光の輸送網整備

根津嘉一郎は、外国人観光客の誘致にも熱心でした。一九〇〇（明治三三）年の夏、伊藤博文、山県有朋とたまたま東海道線の汽車に乗り合わせ、東京、京都、奈良、厳島、広島、日光、松島などの観光地に、外国人観光客のための国営ホテルを建設することを

1921年頃の日光軌道（『写真で見る東武鉄道80年』）

提案していたほどでした（前掲『世渡り体験談』）。根津の提案は、一九三〇年代に鉄道省国際観光局の設置と、上高地、雲仙、志賀高原、阿蘇、日光などにおける国際観光ホテルの建設によって実現されました。

一九二九年一〇月一日、根津は東武日光線（杉戸―東武日光間九四・五キロメートル）を開業し、国際的な観光地日光における輸送体制の整備に着手しました。東武日光線は同伊勢崎線の杉戸駅（現・東武動物公園駅）で分岐し、東北に向かってほぼ直進して栃木から宇都宮を経ずにまっすぐ鹿沼に出るため、東京から日光にいたる距離を国鉄線よりも大幅に短縮することができました。すなわち国鉄線による上野～日光間の距離は一四六・六キロメートルでしたが、東武鉄道の浅草～日光間の距離は一三五・五キロメートルだったのです。

日光町民は、東武日光線の開業に「日光国立公園建設の第一歩」*として期待を寄せました（「日光東武線開通　試運転日の賑ひ」、『下野新聞』一九二九年九月一八日）。日

日光国立公園
明治末年になると、東照宮、輪王寺、二荒山神社など日光の史蹟や、それをとりまく自然が有名になり、多くの観光客が訪れるようになった。そこでこれらの観光資源を守るため、日光町は一九一一（明治四四）年二月、「日光山ヲ大日本帝国公園ト為スノ請願」を第二八帝国議会に提出した。「帝国公園」はやがて「国立公園」となり、一九三四（昭和九）年一二月二四日に日光国立公園の指定がなされた。日光町が帝国公園への指定を請願してから二三年の歳月が流れていた。

光線の開業によって、浅草から東武日光まで二時間四三〜五八分、特急ならば二時間一七分で到達できるようになったのです。国鉄の上野〜日光間の所要時間は三時間一〇〜三〇分でしたので、東武日光線は「国鉄線によるより時間的には便利であり、運賃的にも低廉」でした（東武鉄道株式会社編『東武鉄道六十五年史』一九六四年）。

それでは東武日光線が開業にいたる経緯についてみておきたいと思います。もともと東武鉄道は、一八九〇年代後半には東京から関東北部にわたる鉄道網を張りめぐらしていましたが、一九〇〇年代後半に佐野鉄道の葛生駅から日本鉄道日光線の鹿沼駅にいたる約二九・五キロメートルの鉄道敷設計画をたてました。一九一二年三月に佐野鉄道を合併したのちの同年八月の臨時株主総会で葛生〜鹿沼間の鉄道敷設を決定し、九月三〇日に免許状の下付を受けました。

その後、一九一三年に工事区間を安蘇郡田沼町大字多田〜鹿沼間に変更し、一九一四年一二月に施工認可を得て着工することになりましたが、竣工にはいたらないまま工事を延期しました。そして一九一九年二月には鹿沼〜日光間の鉄道敷設免許を申請し、同年一二月一八日に免許状の下付を受けましたが、地形が険しく測量が困難との理由で工事施行認可申請期限の延期とともに、多田〜鹿沼間の起業目論見書の取り下げを申請しました。

一九二一年五月一四日には埼玉県南埼玉郡百間村（現・南埼玉郡宮代町）から鹿沼ま

国鉄日光線
日本鉄道会社は日光鉄道会社が計画していた宇都宮~日光間の鉄道を譲り受け、同社日光線として一八九〇年八月一日に同区間を開業した。この鉄道が一九〇六年一一月の国有化にともなって国鉄日光線となったのである。日本鉄道日光線の開業によって日光への観光は著しく便利になったが、同線は宇都宮から東北線に沿っていったん南下してから鶴田の方に分岐しているので、東京から日光に向かう場合にも、日光から東京に向かう場合にも列車は宇都宮で逆向き運転をすることになった。そのため運転時間にもロスが出てしまい、上野~日光間三時間三〇分ないし四時間という到達時間をなかなか短縮できないでいた（日光市史編さん

での鉄道敷設免許を申請し、二三年七月一九日に免許状の下付を受けました。これによって、東武鉄道日光線の経路が佐野経由から栃木経由に変更されたのです。

東武日光線の工事は一九二五年から着手され、二九年四月一日に杉戸~新鹿沼間六六・八キロメートル、七月七日に新鹿沼~下今市間二〇・六キロメートル、一〇月一日に下今市~東武日光間七・一キロメートルが開業しました。東武日光線は全線複線で、しかも竣工と同時に電化されており、輸送効率を高めるという点で画期的でありました。一方、国鉄日光線*は単線で、電化がなされるのは第二次世界大戦後の一九五八年のことでした。

東武日光線が開業すると、国鉄側も日光行きの準急列車を走らせたり、食堂車を連結したりして東武鉄道に競争を挑んできました。根津は、準急と称して急行料金をとらぬ急行列車を走らせたりするのは不当な競争であると抗議しました。また、国鉄の遠距離逓減制や定期券の割引にも苦しみました。東武鉄道日光線の開通にあたって、地元の日光では日帰り客が増えて日光は衰微するという見方もありましたが、根津は遊覧客が著しく増加するので、日帰り客が増えても日光は繁栄すると論破しました（前掲『根津翁伝』）。

根津は、東武日光線の開業にともない観光地日光の輸送網の整備にも着手しました。一九二七年三月、華厳滝、中禅寺湖、男体山、戦場ヶ原、湯元など奥日光の開発をめざ

委員会編『日光市史』下巻、一九七九年）。

鬼怒川温泉ホテル
（東武博物館提供）

して日光登山鉄道（資本金二〇〇万円）を設立しました。日光登山鉄道は一九三二年八月に馬返〜明智平間一・二キロメートルの鋼索鉄道（ケーブルカー）を開業し、三三年には架空線（ロープウェイ）も敷設しました。一九二八年には日光軌道（日光〜岩の鼻間八キロメートル）を系列化に置き、二九年一〇月一日に東武日光線が開通すると同軌道線も強化しました。さらに一九三二年六月には日光軌道の傍系会社である日光自動車を合併し、日光自動車電車と改称しました（前掲『東武鉄道六十五年史』）。

また開業と同時に東武日光線の下野電気鉄道（新今市〜藤原間）への乗り入れを実現し、鬼怒川温泉への輸送手段を整備しました。下野電気鉄道は営業不振に悩んでいましたが、一九二六年二月に東武鉄道顧問弁護士の宇都宮政市が同鉄道の社長に就任すると、根津は東武鉄道名義で八〇〇〇株、個人名義で一〇〇〇株を購入し、二九年六月に相談役に就任しました。一九三一年三月には敷地面積二三〇〇坪に及ぶ鬼怒川温泉ホテルを開設し、自らポスターやパンフレットをつくって宣伝に努めました。鬼怒川ホテルの経営は地元の専門業者に委託し、地元の一般旅館には設備改善費用を貸与して接客設備の向上をはかりました（前掲『根津翁伝』）。日光は、一九三四年一二月四日に国立公園に指定されました（丸山宏『近代日本公園史の研究』思文閣、一九九四年）。なお東武鉄道は、一九四三年五月に下野電気鉄道を買収して合併しました。

東武鉄道の一九三〇年前期における『事業報告書』が、「財界ノ不況ハ本期ニ入リテ益々甚シク影響スル処尠カラザリシモ、本線ニ在リテハ極力日光遊覧客ノ誘致ニ努メタルタメ相当成績ヲ挙ケ」（東武鉄道株式会社『第六六回事業報告書』一九三〇年前期）と記しているように、日光線の開通は不況期にあって東武鉄道の旅客輸送を下支えしました。しかし、一九三〇年後期からは「修学遊覧ノ臨時客ノ如キ其旅行ヲ見合スモノ多ク」（東武鉄道株式会社『第六七回事業報告書』一九三〇年後期）なり、旅客輸送人数は減少しました。

第五章　その他の事業

高野鉄道の経営再建

　これまで述べてきましたように、根津嘉一郎は東武鉄道の経営再建を見事に果たしましたが、同様の方法で高野鉄道の経営再建にも取り組みました。高野鉄道は霊場高野山*への参詣客の輸送を目的に、一八九六（明治二九）年二月一日、松方幸次郎らによって設立され、資本金は一五〇万円でした。以下では、根津嘉一郎の高野鉄道の経営再建について検討していきます。

　高野鉄道は、当初は南海鉄道に接続して大阪と結ぶ予定でしたが、やがて白らの路線で大阪に直結しようと考え、一九〇〇年八月三〇日には道頓堀（現・汐見橋）から長野（現・河内長野）にいたる約二八キロメートルの路線を開業しました。しかし高野の霊場まではなお相当の距離があり、しかも沿線は純農村で工業化に立ち遅れていたため、営業成績は振るいませんでした。そこで、寺田甚與茂*が取締役社長となって一九〇七年九月二一日に高野登山鉄道を設立し、同年一一月一五日に高野鉄道の事業一切を継承す

高野山
和歌山県伊都郡高野町の標高一〇〇〇メートル前後の山々の総称。平安時代の八一九（弘仁一〇）年ごろに弘法大師空海によって開かれた高野山真言宗の総本山金剛峯寺がある。大阪方面から南海鉄道が通じており、観光の名所となっている。

寺田甚與茂
（一八五三～一九三一）岸和田の酒造家の長男として生まれ、質屋の店員から身を起こして巨富を築いた。一八八一（明治一四）年に第五十一国立銀行の創立委員となり、のちに頭取も務めた。以後、南海鉄道、岸和田紡績などの社長を歴任した。

ることにしました。高野登山鉄道は、その後一九一〇年三月三〇日には資本金を二〇〇万円に増額しました。

根津嘉一郎は、一九一二年七月二〇日、高野登山鉄道の取締役社長となりました。根津が社長に就任すると、同鉄道は一〇月一〇日から汐見橋—長野間で電車併用運転を実施しました。

こうして根津は高野登山鉄道の経営に参画していくのですが、その経緯について前掲『根津翁伝』はつぎのように説明しています。根津は、兄の一秀が死亡すると、兄が所有していた高野鉄道の株式をすべて引き受け、大株主として高野登山鉄道の経営に参画していきました。しかし社長の寺田甚與茂は泉州岸和田の紡績業者で、鉄道に関しては造詣もなく知識も乏しかったので、万事が消極的で、「鉄道は延長しなければ、収益は挙がらぬ」という根津の積極的な経営方針とは常に対立していました。当時、寺田と根津の所有株数をあわせると、株式総数の八割にも達していましたので、寺田は意見が対立していては会社にとってよくないので、どちらかが株を引き受けるべきではないかという話を、三井物産大阪支店長の藤野亀之助を仲介にしてもちかけてきました。寺田の提案は、①寺田派の所有株式をすべて根津派が引き受けること、②高野鉄道の経営を根津派に委ねること、③株式引取価格は五六円を下回らないことの三点でした。根津は寺田の提案をすべて受け入れ、寺田およびその姻戚関係者の所有株を引き受け、株式総数の八割を所有することになりました（「高野鉄道紛擾落着」、『東京朝日新聞』一九一二年七月一一日）。

根津は高野登山鉄道においても積極経営を展開し、一九一五年三月には汐見橋―橋本間を電化開業し、四月に社名を大阪高野鉄道と改称しました。同鉄道は、こうして橋本で省線和歌山線と連絡するとともに、紀ノ川中流域を大阪に直結することになりました。これまで大阪から高野山に参詣するには三日を要していましたが、日帰りが可能となったのです。大阪高野鉄道では、これを「昔は三日で、今は日帰り」という標語で宣伝しました。大阪高野鉄道の業績は好転し、一八年には倍額増資を実施して資本金を四〇〇万円としました。

一方根津嘉一郎らは一九一七年九月に発起人となって、橋本から高野山の入り口にいたる資本金一五〇万円の高野大師鉄道の設立を計画しました。根津は高野大師鉄道の社長にもなり、鉄道院の官吏大塚晃長を招聘して常務取締役としました。

ところでこの高野登山鉄道の経営再建をめぐって、松本伊勢之丞『会社、世間、人生』（ダイヤモンド社、一九四一年）に興味深い事実が紹介されています。松本伊勢之丞は福島県の出身で、中央大学の法科を卒業したのち鉄道省に入省しますが、その後日本麦酒鉱泉株式会社に入社し、根津の部下として本社、支店、各工場で庶務部長、副工場長として勤務してきたという経歴をもっています。

高野登山鉄道の株主総会で、元重役のある大株主が根津嘉一郎に向かって「根津社長の経営は関東流であって、関西の高野鉄道には向かないので、関西流の経営にしてもらいたい」という趣旨の発言をしました。すると根津は、つぎのように答えたというのです。やや長くなりますが、興味深いので煩をいとわないことにします（松本伊勢之丞『会社、世間、人生』ダイヤモンド社、一九四一年）。

「只今の御説によると、鉄道の経営に関東流と関西流があるやうに承つたが、私は鉄道の経営に永いこと携はつてゐるが、未だ曾て関東流の経営とか関西流の経営といふことは存じません、若しもさうした経営法があるものとすれば、その関東流の経営はかうである。関西流の経営はかうである。それで関東流の経営法では、関西にある高野鉄道の経営には適さないからかうしろとおつしやつても（ら欠カ）ひたい。ただお前の経営ぶりは関東流で関西流でないからといはれてもどう改めてよいか解らないから、その関東流関西流の経営方法といふものを参考までに承はりませう。

私がこの鉄道の経営を引き受けることになつた事情といふのは、諸君も御承知の通り、当時この鉄道は紀見峠の難工事で、工事は一時中止されてゐた。それでは高野鉄道としての目的が達せられぬといふので、諸君が態々《わざわざ》上京されてわしに是非出てくれといふのであつたが、わしはそれは御免だと再三断つてゐた。殊にわしが山梨に帰つてゐたときなど諸君は山梨までやつてきて、わしを口説いたではないか。

さうした事情からわしも折角のことでもあるから、つやつて見ようかと、これも事業のためまた国家のためにもなることだと思つてそれを引受けることにした。そしてあの難工事の紀見峠のトンネルを貫縦し、見事工事も竣工して兎も角も紀州の高野口である橋本まで開通することになつたのである。

このことはよもや諸君も忘れはしまいと思ふ。このことは丁度わしが東武鉄道を引受けた当時と同じやうである。東武鉄道も利根川の鉄橋で野州方面に伸びることができなかつた。そこで東武の重役達が、わしに是非引き受けてやつてくれといふのでそれを引き受けた。これも随分の難工事ではあつたが利根川の架橋工事が完成して、今日では関東一の鉄道となつた。どうもわしの考へでは、なにも関東流の経営とか又は関西流の経営とかつてのことではなかつた。」

根津嘉一郎が東武鉄道の経営再建のさいと同様、積極的な路線延長策によって高野登山鉄道の経営再建に取り組んでいたことがわかります。根津の鉄道会社の経営法には「関東流」も「関西流」もなく、積極的な路線延長策こそが「根津流」であったのです。

根津の積極策によって高野登山鉄道の経営が改善されると、南海鉄道との間に合併談が持ち上がりました。南海鉄道は高野山を自社の勢力圏内と考えていましたので、当然といえば当然のことでした。根津嘉一郎は、南海鉄道との合併談について、のちにつぎのように振り返っています（前掲『世渡り体験談』）。

「扨て斯うなると、会社の前途に目を着けて、南海電車が合併談を持ち出して来た。併し先方は、高野鉄道を見くびつて悪い条件で合併しようと云ふのであるから、私はそれを拒絶した。その後になつて今度は、紀州電気株式会社の専務、木村平右衛門と云ふ人が和田豊治*君の紹介を持つて私を訪ね、高野鉄道の私の持株を買受けたいと申し込んで来た。その時の高野鉄道の時価は、七十円から九十二円五十銭までに上つてゐたが、其値で買ひたいと云ふ話だつた。

この時、若し私が自分だけの利益を打算に置いたならば、私の持株だけを売つてのければ大儲けをしたであらうが、併し事業家としての私は、会社事業は公共的のものであると信じてゐるから、自分だけが利益を得て、他の株主を置き去りにして了ふやうな、そんな無責任な事は出来ないからと云つて、其話も断つた。

斯うしてゐる中に、初め交渉のあつた南海電車がそれを聞き込んで、漸く高野鉄道を見直して、改めて合併を申し込んで来たから、私は其時に適当する条件で、先方の申込みに応じた。然も先が南海電車ならば会社は堅実だし、不足するところはないから、私は多数株主の利益のため、快く合併する事を承諾したのである」

大阪高野鉄道および高野大師鉄道と南海鉄道の合併契約書は、一九二四年五月二七日に三者の間で結ばれました。そして、それは根津が理想とする交通統制*を実現することでもありました。そのため根津は一九二二年六月に南海鉄道の取締役となり、南海鉄道

和田豊治
（一八六一～一九二四）
明治・大正期に活躍した実業家。富士紡績や理化学研究所など、設立にかかわった会社は数十社を数え、大正時代の「財界世話人」といわれる。東京商業会議所特別議員、日本経済連盟会常務理事なども務めた。

は同年九月一九日付で大阪高野鉄道を合併し、あわせて高野大師鉄道も合併しました。こうしたなかで、南海鉄道の重役たちからは根津を社長に推す声があがりました。根津は社長就任を固辞しましたが、南海鉄道が取締役会長制を敷くと会長に就任しました。

このように根津は、東武鉄道や高野鉄道の「ボロ」会社の経営を引き受け、経営再建に成功しました。そのため根津は、しばしば「ボロ買（嘉）一郎」などと呼ばれました。*宮島清次郎は、「根津嘉一郎翁は洵に独立不羈の人で、卓越した観察力と所信断行の意志の力は抜群であった。故に自ら創業育成された事業も尠くないが、尚亦弱体企業に人又は資金を投じて再建発展された会社も数多く、之等は何れも翁にして始めて可能なことで真の実業家であった」（宮島清次郎「根津嘉一郎翁を憶ふ」、前掲『根津翁伝』）と評していますが、東武鉄道や高野鉄道の経営再建には事業経営者としての根津の真骨頂があらわれているということができます。

東京電灯の経営再建

根津嘉一郎は東京電灯の経営再建にも活躍しました。根津は一八九九（明治三二）年一二月に東京電灯の監査役に就任しました。そして一九〇一年一二月に取締役となり、一九一一年六月に辞任するまで同社の経営にかかわっていました。

宮島清次郎
（一八七九～一九六三）
一八七九（明治一二）年一月二〇日に栃木県安蘇郡飯田町（現・佐野市）で、佐野商業銀行頭取などを務めた小林正太郎の二男として生まれる。東京帝国大学卒業後住友別子鉱業所（現・住友金属鉱山）に入社する。その後まもなくして東京紡績社長田村利七の娘婿となり、田村家の実家である宮島家の跡を継ぐ。同時に東京紡績に入社し専務取締役にまで昇進するが、一九一四年に東京紡績が尼崎紡績に吸収されると退社し、根津系の日清紡績に取締役専務として迎えられ、一九一九（大正八）年に社長となった。

東京電灯の経営は、一九〇〇年恐慌のもとで苦戦を強いられていていました。甲州財閥の一角を占める佐竹作太郎が一八九九年一二月に社長に就任しましたが、事態はそれほど変わりませんでした。常務取締役となった根津はただちに東京電灯に出かけ、社内を一巡して石炭および石炭殻を仔細に検査しました。そしてコークスをふるいにかけさせてみると、原料炭が不良で、しかも炊き方が粗雑であることに驚きました。調べてみると、社内の石炭係と石炭会社との間に不正関係があることがわかりました。根津は、断固として石炭の不正取引とその粗雑な燃焼方法の改善に取り組みました。東京電灯の社員のなかには根津を快く思わなかったものもいましたが、平然としていました。また、石炭会社から高価な掛け軸が贈られてきましたが、受け取りを拒否しました（前掲『奮闘活歴涙のあと』）。

一方、根津は品川電灯、深川電灯を買収しました。当時の東京電灯は資本金一五〇万円、需用戸数約七〇〇〇戸にすぎませんでしたが、積極的に経営規模を拡大したのです。また当時は瓦斯事業が盛んでしたが、根津は瓦斯と電気を比較して熱心に電気を売りこみました。

こうしてしだいに東京電灯の信用力が増し、根津が常務取締役を辞めるころには、「田中営業部長が第一銀行へ一寸顔出ししたばかりで三十万円の大金をすぐ貸し出して呉れ」るようになりました（前掲『奮闘活歴涙のあと』）。

このように根津は東武鉄道、高野鉄道、東京電灯の経営再建を果してきましたが、そのほか加富登麦酒《かぶとビール》の整理改革も引き受けて日本麦酒鉱泉を立ち上げるなど、『根津氏が社長たり、取締役たりして、起死回生せしめた会社は、実に、今日其の枚挙に暇なき程のものがある』といわれています。根津の経営再建の方策は「内に消極、外に積極」といわれる手法、すなわち徹底的な社内整理を断行する一方で、積極的な経営拡大を行うというものでした。前掲『奮闘活歴涙のあと』は、そうした根津の人柄をつぎのように述べていますが、まさに核心をついているように思われます。

「一体に根津氏は、生来の豪放磊落で、小事に対しては、総て、全く拘泥しない人かの如く一般に解せられて居るが、事実は、決して左うではなく、一枚の紙片も、一寸縄切れも、之れを粗末にしないと云ふ綿密さを有するのである。さうして何事にもテキパキとした態度を示すことにつとめ、何時如何なる場合も、決してあやふやな処置に打捨て仕舞はないのである。果断なるべきところには果断、細密なるところには細密、此の点に、根津嘉一郎氏の今日ある所以が慥かに蔵されて居るのである。」

おわりに

根津嘉一郎は、これまで述べてきましたように、相場師から実業家へと転身し、東武鉄道や高野鉄道など鉄道業を中心に旺盛な事業活動を展開しましたが、一方では寄付を通じて育英・文化事業にも大きな足跡を残しました。根津の育英・文化事業に関する寄付については前掲『根津翁伝』に詳細な記述がありますが、それをまとめると**表4**のようになります。根津は、一八九六（明治二九）年に山梨県東山梨郡平等村小学校基本財産に寄付をしたのを皮切りに、武蔵高等学校*の創立、郷里の小学校建築費、山梨県高等工業学校敷地代、山梨県下各小学校へのピアノ、人体模型、顕微鏡、シンガー・ミシンの寄贈、笛吹川橋梁の架設など、多くの寄付を行っています。

根津は、一九〇九（明治四二）年八月一九日から一二月一七日まで、渋沢栄一を団長とする渡米実業視察団*の一員に加わってアメリカの主要五三市を訪問しましたが、そこでの見聞をきっかけに資財を公共事業に投じるようになりました。根津は一〇月二日の午後、アメリカの企業家で「富豪」として名高いロックフェラーの広大な私邸を訪問し、そのときに「私は、自分の資産の中から必要だけのものを我が子に残して、他はできるだけ公共事業や慈善事業等に役立てる事を心懸けている。私は嘗て亜米利加に旅行して、

武蔵高等学校
一九二二（大正一一）年の第二次高等学校令にもとづき、根津嘉一郎が創立した旧制高等学校。初代校長には一木喜徳郎が就任した。官立の東京高等学校とならんで、日本で最初の七年制高等学校。現在の武蔵大学。

表4　根津嘉一郎の寄付と育英・文化事業

年	事　項
1896	山梨県東山梨郡平等村小学校基本財産へ寄付につき、山梨県より木杯１個下賜
1902	東京府麻布小学校建築費寄付につき、東京府より木杯一組下賜
1903	神奈川県大磯小学校へ寄付(金200円)
1908	山梨県平等村小学校へ寄付(金500円)／山梨県実科女学校へ寄付(金200円)、同県笹子小学校へ寄付(金100円)／早稲田大学へ寄付(金10,000円)
1909	山梨県北都留郡笹子村小学校建築費寄付につき、賞勲局より木杯１個下賜
1914	大正２年山梨県平等村小学校へ宅地建物機械器具寄付につき、賞勲局より銀杯一組下賜
1916	慶應義塾大学医学部へ寄付(金2,000円)
1917	理化学研究所へ寄付(金20,000円)
1918	日本美術協会へ寄付(金5,000円)
1919	1918年東京府荏原郡実科女学校ほか１校建立資金寄付につき、賞勲局より木杯１個下賜
1920	東京女学館基本金として金1,000円寄付／女子教育奨励金へ金1,000円寄付
1921	甲府中学校に教育参考品(917円相当)寄付（同年10月に同校に同じく教育参考品(438円)を寄付）／財団法人根津育英会を設立し理事長に就任(私立７年制武蔵高等学校を創立)
1922	山梨県下小学校へ勤王文庫(代金500円)寄付／東京市青南小学校へ理化学器械(代金1,638円)寄付／東北学院へ再建費金1,000円寄付
1923	山梨高等工業学校敷地(購入費135,000円)寄付／大阪府南河内郡上田尋常小学校基本財産として金1,000円寄付につき、大阪府知事より褒状下賜／山梨女子師範学校および高等女学校敷地寄付(4,473円)
1924	慶應義塾食養研へ寄付(金1,000円)／帝室博物館陳列用として石像菩薩立像１躯寄付／東京市青南小学校へピアノ代金2,000円寄付
1925	甲府市立精華学院中学へ寄付(金1,000円)
1927	皇典講究所國學院大学へ図書館(総建築費31,200円)を寄付
1928	二松学舎へ建築費金2,000円寄付／静岡県熱海小学校建築費金10,000円寄付／山梨県東山梨郡平等村尋常高等小学校新築費金150,000円寄付につき、紺綬褒章に付すべき飾版１個賜る／山梨県教育会図書館新築費金56,000余円寄付
1929	山梨県平等村尋常高等小学校新築費金150,000円寄付につき、同組合長より金杯１個を贈呈される／山梨県教育会図書館新築費金56,076円寄付
1931	日本鉄道学校へ寄付(金2,500円)／山梨県東山梨郡各小学校へピアノ、理科学器械標本等(代金13,423円)寄付
1932	山梨県峡南農工学校の県移管につき寄付(金2,000円)
1933	山梨県平等小学校へ運動具(代金1,800円)を寄付／山梨県下各小学校へピアノ、人体模型、顕微鏡、ミシン(代金342,614円)を寄付／海外教育会へ寄付(金1,000円)
1934	東京市青南小学校建築費へ寄付(金3,000円)／埼玉県朝霞に80,000坪の土地を用意して大寺院の建設や大仏の鋳造を企図し、梵鐘の鋳造式を挙行
1935	和歌山県高野山小学校へ寄付(金500円)
1936	山梨県下小学校へ杉浦重剛御進講草稿集(代金26,010円)を寄付／山梨県下各中学校ならにび各小学校教育参考資料として書籍258冊寄付
1937	世界教育会議開催費を寄付(金5,000円)／山梨県図書館へ消毒器(代金1,800円)を寄付／山梨県英和女学校へ寄付(金1,000円)
1938	武蔵高等学校へピアノ(代金2,300円)を寄付
1939	実業教育振興中央会へ寄付(金3,000円)／山梨高等工業学校へ寄付(金5,000円)
1940	根津美術館の開館が認可される

出典：鈴木勝司「根津嘉一郎翁と育英・文化事業」（武蔵学園記念室編『資料・根津嘉一郎の育英事業―七年制武蔵高等学校の開設―』2005年。

今は故人となられたロックフェラー氏に会つた時、同氏が多額の金を儲けて、その多くを世の中のために散ずる主義を知つて、大いに啓発された。その襟度なり主義なりは、日本人として大いに学ばなければならない点があると考へた」（前掲『世渡り体験談』）と、のちに述べています。根津は、事業で得た利益を公共事業に還元することを考えていたのですが、アメリカを訪問しロックフェラーと会談をしたことで、その意をますます強くしたのです。武蔵学園記念室『資料・根津嘉一郎の育英事業―七年制武蔵高等学校の開設―』（二〇〇五年）の編者である鈴木勝司は、根津が実業家の社会的貢献を真剣に考えたのは父嘉市郎の教えや米国視察による影響とともに、「一時期日本の経済界を席巻してきた若尾、雨宮などで代表される甲州財閥が代替わりとともに凋落していくのを目の当たりにしてきた経験によるところが大きい」と推察しています。なお、根津が山梨県下の小学校に寄贈したピアノは「根津ピアノ」、笛吹川に架けた橋梁は「根津橋」と呼ばれ、今日まで語り継がれています。

こうして、東武鉄道や高野鉄道の経営再建によって「鉄道王」の名をほしいままにした根津嘉一郎も南米旅行の帰路に立ち寄ったロスアンゼルスでインフルエンザにかかり、一九四〇（昭和一五）年一月四日、尿毒症を併発して死去しました。享年八一歳でした。葬儀は、武蔵高等学校の校葬をもって築地本願寺で執り行われました。武蔵高等学校の教員・生徒をはじめ、太平生命、富国徴兵保険、東武鉄道、その他根津が関係した諸会

渡米実業視察団
一九〇九（明治四二）年八月一九日から約三ヵ月間、渋沢栄一が団長となってアメリカの主要都市を訪問したビジネスミッション。東京、大阪など六大都市の商業会議所を中心に約五〇名の実業家が参加し、根津嘉一郎もその一員に加わっていた。アメリカ各地で政治・経済・社会福祉・教育などの諸施設を見学するとともに、第二七代アメリカ大統領ウィリアム・タフト（William Howard Taft）、発明王トーマス・エジソン（Thomas Alva Edison）、鉄道王ジェームズ・ヒル（James Jerome Hill）など各界の実力者に面会し、成長著しい米国社会を体感して帰国した。

笛吹川に架かる根津橋
(『根津翁伝』)

社の重役、社員が参列しました。遺骨は、多磨墓地、郷里平等村の墓地、高野山の三ヵ所に納められました。また、郷里の平等村では五月四日に村葬をもって埋葬式が行われ、多数の地元有志者が参列し、衆議院議員の笠井重治ほか六人から弔辞が述べられました。

根津の死去にともない、東武鉄道の社長には吉野伝治が就任しました。吉野は根津に誘われて一九三八年七月に東武鉄道に入社し、四三年以降は専務取締役として根津を支えてきました。しかし新社長の吉野は、就任後一ヵ月もたたない二月三日、あたかも根津のあとを追うかのように急逝してしまいました。そこで東武鉄道では取締役の原邦造が会長に就任し、根津嘉一郎の長男藤太郎が取締役として経営陣に加わりました。しかし原邦造も一九四一年七月四日に設立された帝都高速度交通営団の総裁に迎えられ、社長を辞任せざるをえなくなったため、弱冠二七歳の根津藤太郎が新社長に就任しました。

根津嘉一郎の独立独歩の精神は、長男の藤太郎に着実に受け継がれました。藤太郎は、前掲『根津嘉一郎』に「父を語る」という一文を寄せていますが、そこにはつぎのように記されています。

「父は在世中よく働き、よく儲け、而してよく財を散じてゐた。それが国のため、大衆のためとあらば惜しげもなく寄附し、且つ援助もした。家庭に於ける父は厳格のうちに慈愛の心持が籠つて、案外涙もろい処もあつた。情深いところもあつた。

八十一歳の高齢を以て他界した。財物も相当に残して、遺族の生活には何一つ不

根津美術館

自由を感ずることもなく、将来安らかに世を送ることが出来るのは、なき父に満全の感謝を表するにやぶさかならざるものである。

而しながら私は父の遺せる財物を以て安逸に無為に世を送らうとはしない。

人間が生を世に享けたる以上自らの努力、自らの活動に依つて、而して自から生を天に感謝し同時に多少なりとも国家奉公の一端を尽さなければならぬ重責がある。例へ何程なりとも自らの手腕力量によつて得た報酬、それを自分の生活の規調根據とせねばならぬ。

借着して錦を纏ふよりも、分に応じ職に叶ふ陋屋の生活、それが眞に天に恥ぢざる誇るべき生活ではなからうか、父の残せる財物と宏大なる住居、これは父の生前に於ける、安住の根據であり活動の舞台であつて、私に與へられたものではない。

私は相続人として、自己を鞭撻し、修養を積み以て父の遺業と恒産をして更により以上生産的に而して建設的に築き上げることそれ自体が意義あることではなからうか、同時に私に與へられた責任の存する處であると思ふ。

斯くして在天の父も安んじて瞑目することが出来る、私は未だ齢而立に達せず、世事に疎く学に乏し、努力奮闘を以て終始一貫、鉄石をも溶かして止まざりし父の血汐は私の血管に脈々として通じ、世の艱苦欠乏に耐へ得る心根を植ゑ付けて逝かれ、雄魂気魄は将来永く私の進むべき道を照らしてくれる、之れが実に父が子に残せる偉大なる贈りものであつた。之れをハッキリ認識し、夢忘れざらんこと孝の一つであると思ふ」

見事な父・根津嘉一郎に関する批評だと思います。根津嘉一郎は常日頃「子孫ニ多クノ資産ヲ遺スト云フコトハ害アッテ益ナシ」（根津嘉一郎談「育英事業ノ思ヒ立及其経過」一九二一年五月一〇日、前掲『資料・根津嘉一郎の育英事業』）と考えていましたが、その嘉一郎が長男の藤太郎に残したのは、なによりも独立独歩の精神だったのです。

藤太郎は、その後嘉一郎を襲名し、東武鉄道の経営を五三年の長きにわたって牽引し、総売上高一兆円以上の巨大な東武グループを形成しました（東武鉄道百年史編纂委員会編『東武鉄道百年史』一九九八年）。

また青山の根津家では、嘉一郎の遺志によって、約三〇〇〇点のコレクションを一般に公開するため、広大な邸宅と宅地を開放したばかりでなく、五〇〇〇万円の遺産を投じて根津美術館を建設しました。

故郷に建てられた根津の銅像
（『根津翁伝』）

参考文献

■小林一三

阿部武司『近代大阪経済史』大阪大学出版会、二〇〇六年
伊丹市史編纂委員会編『伊丹市史』第三巻、伊丹市、一九七二年
老川慶喜「小林一三と堤康次郎―都市型第三次産業の開拓者」(佐々木聡編『日本の企業家群像』丸善、二〇〇一年
老川慶喜『岩下清周と松崎半三郎』立教学院、二〇〇八年
大久保高城編著『最近の大阪市　附地図』大久保透、一九一二年
故岩下清周君伝編纂会編『岩下清周伝』一九三一年
小林一三『逸翁自叙伝―青春そして阪急を語る』阪急電鉄株式会社、一九七九年
小林一三『宝塚漫筆』阪神急行電鉄株式会社、一九八〇年
小林一三『私の行き方』阪神急行電鉄株式会社、一九八〇年
西藤二郎「小林一三とその上司たち」(『京都学園大学論集』第九巻第二号、一九八〇年一二月)
作道洋太郎『関西企業経営史の研究』御茶の水書房、一九九七年
茂原祥三編『京阪神急行電鉄五十年史』京阪神急行電鉄株式会社、一九五九年

宝塚少女歌劇団編刊『宝塚少女歌劇団廿年史』一九三三年
竹村民郎『笑楽の系譜―都市と余暇文化―』同文館出版、一九九六年
日本経営史研究所編『阪神電気鉄道百年史』阪神電気鉄道株式会社、二〇〇五年
前田和利「小林一三（阪急グループ創始者）―消費者志向の第三次産業企業集団の創造」（森川英正・中村青志・前田和利・杉山和雄・石川健次郎『日本の企業家三昭和篇新時代のパイオニア』有斐閣、一九七七年）
松本和明「戦前期鉄道企業家の観光・娯楽戦略―小林一三を中心に―」（『交通史研究』第六二号、一九九七年）
宮本又郎『企業家たちの挑戦』中央公論新社、一九九九年
吉原政義編『阪神急行電鉄二五年史』阪神急行電鉄、一九三二年
『家を建てるなら』解剖社、一九三七年
『大阪急』百貨店新聞社、一九三六年

■ 堤康次郎

老川慶喜「小林一三と堤康次郎―都市型第三次産業の開拓者―」（佐々木聡編『日本の企業家群像』丸善、二〇〇一年）
老川慶喜『埼玉鉄道物語―地域・鉄道・経済―』日本経済評論社、二〇一一年

大西健夫・斎藤憲・川口浩編『堤康次郎と西武グループの形成』知泉書館、二〇〇六年
くにたち郷土文化館編『学園都市開発と幻の鉄道』二〇一〇年
佐々木聡編『日本の企業家群像』丸善、二〇〇一年
滋賀県編『滋賀県史』第三巻、中世・近世編、一九二八年
筑井正義『堤康次郎伝』東洋書館、一九五五年
堤康次郎『苦闘三十年』三康文化研究所、一九五二年
堤康次郎『人を生かす事業』有紀書房、一九五七年
堤康次郎『太平洋のかけ橋』三康文化研究所、一九六三年
堤康次郎『叱る』有紀書房、一九六四年
日本経済新聞社編『私の履歴書』第1集、日本経済新聞社、一九五七年
練馬郷土資料館編『鉄道の開通と沿線の風景』二〇〇五年
練馬区立石神井公園ふるさと文化館編『鉄道の開通と小さな旅―西武・東上線の観光―』二〇一二年
野田正穂「高田農商銀行覚え書」(『金融経済』一九九号、一九八三年)
野田正穂「西武コンツェルンの形成について」(『鉄道史学』第二号、一九八五年八月)
野田正穂「西武鉄道―私鉄間の競合・対立と地域独占の成立」(青木栄一・老川慶喜・野田正穂編『民鉄経営の歴史と文化(東日本編)』古今書院、一九九二年)

野田正穂・中島明子編『目白文化村』日本経済評論社、一九九一年
由井常彦編『セゾンの歴史』上、リブロポート、一九九一年
由井常彦編『堤康次郎』エス・ピー・エイチ、一九九六年
横溝光暉『箱根闘争史要』泰西舎、一九七六年

■五島慶太

工政会編『高速度鉄道に就きて』工政会、一九二四年
小風秀雅「戦間期における京浜電鉄の路線拡張戦略—東京横浜電鉄との競合を軸として—」（横浜市史編集室『市史研究よこはま』第五号、一九九一年三月）
五島慶太「鉄道に於ける建設利息問題」（『帝国鉄道協会会報』第一七巻第五号、一九一六年（八月））
五島慶太「軽便鉄道法及軌道条例の改正」（『帝国鉄道協会会報』第一九巻第六号、一九一八年六月）
五島慶太「大東京市に於ける交通政策私見」（『都市公論』第一五巻第一〇号、一九三二年一〇月）
五島慶太「電気鉄道の合理化」（日本交通協会編『交通事業の合理化』日本交通協会、一九三二年）

五島慶太「帝都交通統制の臨戦的意義と交通問題の解決」（『都市公論』第二五巻第一号、一九四二年一月）
五島慶太『七十年の人生』要書房、一九五三年
五島慶太「小林一三翁を偲ぶ」（東京急行電鉄『清和』二〇八号、一九五七年二月）
五島慶太『事業を生かす人』有紀書房、一九五八年
五島慶太「面白い因縁」（私鉄経営者協会編『喜安健次郎を語る』私家版、一九五九年）
五島慶太伝記並びに追想録編集委員会編『五島慶太の追想』五島慶太伝記並びに追想録編集委員会、一九六〇年
渋沢和男『わが父渋沢秀雄』あずさ書店、一九八五年
清水啓次郎『私鉄物語』春秋社、一九三〇年
高嶋修一「戦間期都市近郊における土地整理と地域社会―東京・玉川全円耕地整理事業を事例として―」（政治経済学・経済史学会『歴史と経済』第一八〇号、二〇〇三年七月）
田園調布会編刊『郷土誌田園調布』二〇〇〇年
東京地下鉄道編『東京地下鉄道史 乾』東京地下鉄道、一九三四年（野田正穂・原田勝正・青木栄一編『大正期鉄道史資料』第二集・第八巻、日本経済評論社、一九八三年）

東京急行電鉄編『東京横浜電鉄沿革史』東京急行電鉄、一九四三年（前掲『大正期鉄道史資料』第二集・第一二巻、日本経済評論社、一九八三年）
東京急行電鉄編『東京急行電鉄五〇年史』東京急行電鉄、一九七三年
中西健一『日本私有鉄道史研究―都市交通の発展とその構造―』増補版、ミネルヴァ書房、一九七九年
日本経済新聞社編『私の履歴書』第一集、日本経済新聞社、一九五七年
野田正穂・老川慶喜監修『戦間期都市交通史資料集』第一巻、丸善、二〇〇三年
早川徳次「郊外電車の地下式市内乗入論を排す」（『帝国鉄道協会会報』第二八巻第二号、一九二七年二月）
三鬼陽之助『五島慶太伝』東洋書館、一九五四年
三鬼陽之助「闘魂を貫いた五島慶太」（『財界』第七巻第一七号、一九五九年九月一五日）
有楽町人「官吏生活から実業生活へ（二）」（『実業之日本』第二三巻第一二号、一九二〇年六月一五日）
渡邉恵一「戦間期における五島慶太の鉄道事業構想」（『鉄道史学』第三一号、二〇一三年一〇月）
『東横百貨店』百貨店日日新聞社、一九三九年

『東京風景』小川一真出版部、一九一一年
『国鉄興隆時代』日本交通協会、一九五七年

■ 根津嘉一郎

伊藤常一編『京浜在住山梨県紳士録』昭和四年版、山梨県人社、一九二九年
宇津木忠『根津嘉一郎』東海出版社、一九四一年
老川慶喜「一九二〇年代東武鉄道の経営発展とその市場条件」（『交通学研究』交通学会、一九八二年度研究年報、一九八三年三月）
老川慶喜「『東武沿線産業振興会』関係書類」（『松平記念経済・文化研究所紀要』関東学園大学、第五号、一九八七年三月）
勝田貞次『大倉・根津コンツェルン読本』日本コンツェルン全書X、春秋社、一九四八年
ダイヤモンド社編、鳥羽欽一郎篇集・解説『財界人の教育観・学問観』財界人思想全集・第七巻、ダイヤモンド社、一九七〇年
東武鉄道株式会社編『東武鉄道六十五年史』一九六四年
東武鉄道株式会社編『写真で見る東武鉄道80年―明治、大正、昭和三代の変遷―』東武鉄道、一九七七年

東武鉄道社史編纂室編『東武鉄道百年史』東武鉄道、一九九八年
中西健一『日本私有鉄道史研究―都市交通の発展とその構造―』増補版、ミネルヴァ書房、一九七九年
根津翁伝記編纂会編『根津翁伝』一九六一年
根津嘉一郎『世渡り体験談』実業之日本社、一九三八年
萩原為次『素裸にした甲州財閥』山梨民有新聞社、一九三二年
松本伊勢之丞『会社、世間、人生』ダイヤモンド社、一九四一年
松元宏「養蚕製糸業地帯における地主経営の構造―二百町歩地主根津家の場合―」（永原慶二・中村正則・西田美昭・松元宏『日本地主制の構成と段階』東京大学出版会、一九七二年）
丸山宏『近代日本公園史の研究』思文閣、一九九四年
武蔵学園記念室編『資料・根津嘉一郎の育英事業―七年制武蔵高等学校の開設―』二〇〇五年
森川英正『日本型経営の源流―経営ナショナリズムの企業理念―』東洋経済新報社、一九七三年

情熱の日本経営史シリーズ刊行の辞～今なぜ、日本の企業者の足跡を省みるのか

本シリーズでは、日本の企業と産業の創出を担った企業者たちの活動を跡づけている。企業者とは、一般に、経済や産業の大きな進展をもたらす革新、すなわちイノベーション（innovation）を成し遂げた人々をいう。ソニーの創業者である井深大《いぶかまさる》氏は、「インベンション(invention)というのは新しいものを作ればそれでよいが、イノベーションという場合は、作られたものが世の中の人々に大きく役立つものでなければならない」と述べた。日本の企業者の多くは、幕末・維新期以来、今日にいたるまで、自らの事業の創業やその新たな展開に際して、その営みが「世の中の役に立つこと」であるか否かを判断の要諦としてきたといってよい。そして、そうした社会への貢献を尊重する企業者の気高い思想こそが、日本におけるビジネスの社会的地位を向上させることになった。社会的に上位に置かれた企業者は、内発的な信条としても、また他者からの期待としても、その地位に応じた人格の錬磨と倫理性と、より大きな指導力の発揮を求められるようになった。いわば、企業者の社会的役割に対する期待値が、高められることとなったのである。

企業者に求められる指導力とは、財やサービスの提供主体たる企業組織の内にあっては、技術の進化と資本の充実をはかりながら、人々の情熱やエネルギーを高めて結集させることであり、そうした組織能力向上のためのマネジメント・システムを発展させることであったろう。他方、企業の外に向けては、あらゆる利害関係者（ステークホルダー）に対して、提供する財やサービスはもとより、それを生み出す自らの活動と牽引する企業組織が、いかに社会に役立つものであるかということをアピールすることが、まずもって必要とされた。そして、さらに、自らの企業者活動が、日本の国力の増大に貢献することを希求した。

ところで、そうした企業者の能力がいかに蓄積され、形成されたかという面をみると、本シリーズで取り上げた多くの企業者にいくつかの共通点を見いだすことができよう。家庭や学校での教育や学習、初期の失敗の経験、たゆまぬ克己心と探求心、海外経験や異文化からの摂取、他者との積極的なコミュニケーション、芸術や宗教的なもの(the religious)への強い関心、支援者やパートナーの存在、規制への反骨心、などである。これらの諸要素が企業者の経営理念を形成し、それを基礎に経営戦略やマネジメントの方針が構想されたとみられよう。

二十世紀末から今日に至る産業社会は、「第三次産業革命」の時代といわれる。大量の情報処理と広範囲の情報交換の即時化と高度化を特徴とするこの大きな変革は、今なお進展中である。時間と空間の限界を打破し続けるこの新たな変動のなかで、経営戦略はさらにスピードを求められ、組織とマネジメントはより柔軟な変化が求められてゆくであろう。そして、新たな産業社会の骨幹たる情報システムの進化のために、従来にもまして、人々の多大な叡智とエネルギーの結集が必要となってゆくであろう。と同時に、広範囲におよぶ即時の見えざる相手とのビジネス関係の広がりは、金融不祥事やライブ・ドア・ショックにみられるように、大きな危険をはらんでいる。こうした大きなリスクをはらんだ変革期の今日だからこそ、企業者や企業のあり方があらためて問い直されているのである。

本シリーズは、こうした分水嶺にあって、かつて日本の企業者がいかにその資質を磨き、いかにリーダーシップを発揮し、そしていかなる信条や理念を尊重してきたのかを学ぶことに貢献しようということで企画された。本シリーズの企業者の諸活動から、二十一世紀の日本の企業者のあり方を展望する指針が得られれば、望外の喜びとするところである。

佐々木　聡

著者略歴

老川慶喜（おいかわ　よしのぶ）
立教大学経済学部教授。経済学博士。1950年、埼玉県に生まれる。1980年、立教大学大学院経済学研究科博士課程単位取得退学。関東学園大学経済学部講師・助教授、帝京大学助教授、立教大学助教授などを経て1993年より現職。著書に『近代日本の鉄道構想』（日本経済評論社、2008年）、『岩下清周と松崎半三郎』（立教学院、2008年）、『井上勝』（ミネルヴァ書房、2013年）、『日本鉄道史—幕末・明治篇』（中公新書、2014年）などがある。

渡邉恵一（わたなべ　けいいち）
駒澤大学経済学部教授。博士（経済学）。1964年、東京都に生まれる。1994年、立教大学大学院経済学研究科博士課程後期課程単位取得退学。立教大学経済学部助手、鹿児島大学法文学部助教授、駒澤大学経済学部准教授などを経て2011年より現職。著書に『浅野セメントの物流史－近代日本の産業発展と輸送－』（立教大学出版会、2005年）、論文に「戦間期京浜工業地帯における鉄道輸送問題－鶴見臨港鉄道の成立と展開－」（経営史学会『経営史学』第46巻第2号、2011年9月）などがある。

監修者略歴

佐々木　聡（ささき　さとし）
明治大学経営学部教授。経営学博士。1957年青森県に生まれる。1981年学習院大学経済学部卒業。1988年明治大学大学院経営学研究科博士課程修了。静岡県立大学経営情報学部助教授などを経て、1999年より現職。著書『科学的管理法の日本的展開』（有斐閣、1998年）、『日本の企業家群像』（共編著、丸善、2001年）、『日本的流通の経営史』（有斐閣、2007年）ほか。

シリーズ 情熱の日本経営史⑧
ライフスタイルを形成《けいせい》した鉄道事業《てつどうじぎょう》

2014年 8月29日　第1刷発行

著者
老川慶喜《おいかわよしのぶ》・渡邉恵一《わたなべけいいち》

発行
㈱ 芙蓉書房出版
（代表 平澤公裕）
〒113-0033 東京都文京区本郷3-3-13
TEL 03-3813-4466　FAX 03-3813-4615
http://www.fuyoshobo.co.jp

印刷・製本／モリモト印刷

ISBN978-4-8295-0616-5